GOLDMANN
Lesen erleben

Buch

Spiritualität ist Margot Käßmann ein besonderes Anliegen. Denn viele Menschen sehnen sich danach, ihrem Leben mehr Tiefe zu geben und den Glauben auch sinnlich wahrzunehmen. In *Mit Herzen, Mund und Händen* klärt die bekannte Theologin die vier tragenden Säulen christlicher Spiritualität und zeichnet die Spannungsbögen eines Lebens zwischen Glauben und Weltverantwortung, Hoffen und Kämpfen, Beten und Handeln nach. Ganz konkret zeigt sie, wie sich ein Leben mit spirituellem Tiefgang im Alltag umsetzen lässt und was dabei zu gewinnen ist. Ein überzeugendes Plädoyer dafür, die Schatzkiste unseres spirituellen Reichtums zu öffnen.

Autorin

Dr. Margot Käßmann war 1994 bis 1999 Generalsekretärin des Deutschen Evangelischen Kirchentages in Fulda. 1999 wurde sie Landesbischöfin der Evangelisch-lutherischen Landeskirche Hannovers. Ab Oktober 2009 war sie zudem Ratsvorsitzende der EKD. Von beiden kirchlichen Führungsämtern trat sie im Februar 2010 zurück. Sie lehrte bis Ende 2010 an der Emory University Atlanta/USA. Seit Januar 2011 hat sie die Max-Imdahl-Gastprofessur an der Ruhr-Universität Bochum inne, wo sie über Fragen der Ökumene und Sozialethik lehrt und forscht.

Von Margot Käßmann außerdem im Programm:
Was ich dir mitgeben möchte (17264)
Was im Leben trägt (17185)

Margot Käßmann

Mit Herzen, Mund und Händen

Spiritualität im Alltag leben

GOLDMANN

Für Esther

Verlagsgruppe Random House FSC-DEU-0100
Das für dieses Buch verwendete FSC®-zertifizierte Papier
Classic 95 liefert Stora Enso, Finnland.

1. Auflage
Vollständige Taschenbuchausgabe Januar 2012
Wilhelm Goldmann Verlag, München,
in der Verlagsgruppe Random House GmbH
© 2007 Gütersloher Verlagshaus, Gütersloh,
in der Verlagsgruppe Random House GmbH
Umschlaggestaltung: Uno Werbeagentur, München
Umschlagfoto: © Olaf Ballnus
Satz: Uhl + Massopust, Aalen
Druck und Bindung: GGP Media GmbH, Pößneck
KW · Herstellung: IH
Printed in Germany
ISBN 978-3-442-17288-7

www.goldmann-verlag.de

Inhaltsverzeichnis

Vorwort –
die Schatztruhe christlicher
Spiritualität

Gott ist nicht länger tabu. – Manchmal überrascht mich im Gespräch mit vermeintlich völlig säkularisierten Menschen, wie groß ihr Interesse am Glauben ist. Da sagt eine Journalistin auf meinen Hinweis, Meditation könne ein Weg zu Gott sein, sie mache schon seit Jahren Yoga und sie glaube auch, dass da etwas Göttliches sei, keine Frage, aber die Kirche empfinde sie als so trocken, sie fühle sich so eingezwängt, und doch frage sie sich...

Immer wieder trauere ich solchen vertanen Chancen nach. Vor mir steht eine junge, am Glauben interessierte Frau, aber unsere Kirche beheimatet sie nicht. Dabei haben wir doch einen solchen Schatz an spiritueller Tradition! Ja, da ist eine Schatzkiste, denke ich oft, wir müssen sie nur öffnen. Und dann könnten wir einzelne Schätze herausholen, das eine vielleicht zurücklegen, das andere aber neu aufpolieren oder vielleicht auch eine Fortentwicklung wagen, die in unsere Zeit passt.

Dieses kleine Buch verstehe ich als Ermutigung, die Schatztruhe zu öffnen, den Staub hier und da zu entfernen, aber doch auch zu staunen und sich zu freuen, was da alles zu finden ist. Wir müssen nicht in ferne Länder oder Kulturen entschweifen, um einen neuen Zugang zu Gott zu finden, davon bin ich überzeugt. Es gibt viele Kurse, in denen Schweigen und Meditieren, Pilgern und Stille gelernt werden können. Mir liegt daran, christliche Spiritualität als Angebot zu stärken, die tragenden Säulen zu klären, die Spannungen nicht zu vernachlässigen und vor allem die Möglichkeiten zu entdecken.

In Umfragen wird belegt, dass wieder mehr Menschen nach Religion fragen, auf der Suche sind nach Halt im Glauben und im Gebet. Vor allem aber ist derzeit ein großes Bedürfnis nach erlebter und gelebter Religion, nach erfahrbarem Glauben erkennbar. Für mich stellt sich in diesem Zusammenhang eine entscheidende Frage: Ist unsere Kirche in der Lage, die spezifisch christliche Erfahrung als Angebot einzubringen, oder wird die Dimension der Erfahrung als kirchlich nicht integrierbar gesehen? Es scheint jedenfalls, dass viele Menschen Antworten auf ihre religiöse Suche nicht in der Kirche zu finden meinen.

Gleichzeitig ist die Nachfrage nach kirchlichen Angeboten wie Pilgern und Klosteraufenthalten, nach Meditation und Schweigeseminaren erkennbar groß. Die »Halle der Spiritualität« etwa war beim Deutschen Evangelischen Kirchentag in Hannover 2005 hervorragend besucht. Nirgends wurden übrigens mehr Bücher verkauft als dort.

Spiritualität wird also zur Zeit viel gepriesen, auch als die große Zukunftschance der Kirche. Alle reden darüber, aber niemand weiß offenbar so ganz genau, was das konkret sein soll! Eine kurze Definition des Begriffes »Spiritualität« ist kaum möglich.[1] Er schließt »Glaube, Frömmigkeitsübung und Lebensgestaltung« zusammen und »bietet also eine Alternative zu spätprotestantischer, entweder einseitig wortorientierter oder ebenso einseitig handlungsorientierter oder ebenso einseitig stimmungsorientierter Frömmigkeit«.[2] Fulbert Steffensky versucht, den Begriff Spiritualität als »geformte Aufmerksamkeit« oder »Erfahrung der Einheit des Lebens« zu fassen.[3]

Im Neuen Testament ist immer wieder von Gottes Geist die Rede. Der hierfür verwendete griechische Begriff »pneuma« wird im Lateinischen mit »spiritus« übersetzt. So sagt Jesus im Johannesevangelium: »Gott ist Geist, und die ihn anbeten, die müssen ihn im Geist und in der Wahrheit anbeten.« (Johannes 4,24) Das heißt, der Geist steht für die Dimension des Glaubens, die über diese Zeit und Welt hinausgeht, für die

11

Innerlichkeit, für die göttliche Gegenwart, die uns immer neu begeistert. Spiritualität ist damit die Glaubensdimension, die sich durch die dritte Person der Trinität erschließt, den Heiligen Geist. Durch Gottes Geist wird unsere Gottesbeziehung erfahrbar. Sie hat ihre Mitte in Jesus Christus, und sie erhält ihre Kraft durch den Geist.

An die neue Begeisterung für Spiritualität lassen sich aber auch kritische Fragen richten: Ist das nicht katholisch oder vor-reformatorisch? Ist Spiritualität ein Modebegriff, der die Protestanten abbringt vom gesellschaftlichen Engagement? Dürfen Protestanten meditieren? Ist da nicht Esoterik drin? Wo bleiben Vernunft und Aufklärung? Wollen die Katholiken wieder zur Mystik tendieren? Geht es zurück hinter das Zweite Vatikanische Konzil etwa mit lateinischen Gesängen? Wie ordnen wir die Ikonenverehrung der Orthodoxie ein im Rahmen einer Theologie nach der Aufklärung? Und müssen wir uns nicht klarer abgrenzen, etwa vom ZEN-Buddhismus? Ist Yoga integrierbar ins Christentum? Darf sinnliche Erfahrung im christlichen Glauben eine derartige Rolle spielen?

Vor einiger Zeit habe ich in Hildesheim einen Gottesdienst in der wunderschönen Michaeliskirche gehalten. Sie ist als Weltkulturerbe deklariert, bald werden wir ihre 1000-Jahr-Feier begehen. Mein Blick wurde immer wieder gefesselt von den Bögen im Seitenschiff.

Sie sind sehr schlicht, aber von einem auffälligen Muster mit dunkelroten Streifen geprägt. Große, erhabene Säulen sind das tragende Element. Auf ihnen sind je zwei kleinere aufgebaut. Hoch oben, kurz vorm Kirchenhimmel werden sie geradezu spielerisch ergänzt durch kleine Säulen. Das scheint mir ein gutes Bild für unsere spirituellen Möglichkeiten zu sein. Wenn die großen, tragenden Säulen geklärt sind, werden auch Spannung und Vielfalt getragen.

So werden im folgenden ersten Teil, der gekennzeichnet ist durch die großen, tragenden Säulen der Hildesheimer Michaeliskirche, zunächst die vier Grundlagen christlicher Spiritualität erläutert, die meines Erachtens geklärt sein müssen, um Verwirrung zu vermeiden und auch manchmal notwendige Abgrenzungen zu bestimmen. In einem zweiten Schritt möchte ich die Spannungen darstellen, in denen Spiritualität, so denke ich, immer lebt. Sie ist nicht ein einfaches Anwendungskonzept, das schnell erlernt und angeeignet wird. Es geht auch nicht um Abwendung von der Welt oder Rückzug. Im Dialog mit Persönlichkeiten der Geschichte oder fiktiven Personen werden diese Spannungen verdeutlicht. Dieser zweite Teil ist gekennzeichnet von den kleineren Säulen der Hildesheimer Michaeliskirche, die auf die großen Säulen aufbauen. Und schließlich geht es im dritten Teil darum, die Freiheit und fröhliche Vielfalt spiritueller Möglichkeiten zu entfalten. Das spiegelt sich

in den kleinen Säulen wider, die aufbauend auf den großen, tragenden Säulen und den kleineren Mittelsäulen
sich in den Kirchenhimmel erheben. Hier ist Öffnung
gefragt, Ausprobieren, Kreativität und Experiment, um
herauszufinden, wo ich persönlich mich spirituell ver-
ankern kann.

Dieses Buch versteht sich nicht als Beitrag zu einer
wissenschaftlichen Diskussion zum Thema Spiritualität, dazu ist in der letzten Zeit vielfältige Literatur erschienen.[4] Vielmehr liegt mir daran, klar in der Sache,
aber einladend in den Zugängen zu beschreiben, welche Möglichkeiten Spiritualität bietet. Ich möchte Menschen ermutigen, ihren eigenen spirituellen Weg zu
finden, und auch Diskussionen in den Gemeinden anregen, wie wir denn Angebote vor Ort gestalten können in einer Zeit spiritueller Nachfrage. Dabei ist sicher
auch eine Klärung gegenüber manchen Modeerschei-
nungen auf dem Gebiet der Spiritualität notwendig, die
meinen, alles, aber auch alles unter christlichem Label
vereinnahmen zu können und die sich geradezu zu
einem Spiritualitätsmarkt entwickelt haben. Aber vor
allem geht es mir um die Ermutigung, sich auf die Erfahrungsdimension des Glaubens einzulassen, Sinnlichkeit statt Wortfixiertheit, Lebenslust und Erleben
statt Enge und Strenge zuzulassen.

Beim Vertiefen in alte Texte ist mir aufgefallen, dass
es Frauen offenbar leichter fällt, die ausschließlich in-

tellektuellen Zugänge loszulassen und Emotionen zuzulassen und als Teil des Glaubenslebens zu sehen. Viele Männer reagieren auf einen emotionalen Zugang zum Glauben schnell mit Abwehr und Rückzug auf vermeintlich sichere Ufer vorgegebener Bekenntnisse, Agenden oder Formulierungen. Um eine Balance zu finden, müssen wir offensichtlich die männlichen und die weiblichen Eigenschaften einbringen in unsere Kirche, denn ich sehe sowohl die Notwendigkeit, Glaube und Vernunft beisammenzuhalten, als auch die Notwendigkeit, das Gefühl, die Sinnlichkeit und innere Wahrnehmung Gottes zuzulassen. Wenn seit Jahrzehnten von der Gemeinschaft von Frauen und Männern in der Kirche die Rede ist, kann die gemeinsame Suche nach gelebter Spiritualität wohl auch hierzu einen Beitrag leisten.

Schließlich: Die folgenden Überlegungen sind von einer evangelisch-lutherischen Perspektive geprägt, vor allem in der Konzentration auf Bibel und Gesangbuch schlägt sich das nieder. Aber ich bin überzeugt, dass Spiritualität ein zentraler ökumenischer Faktor ist, ja »die ökumenische Bewegung selbst wurde von ihren Trägern als ein spirituelles Ereignis verstanden«[5]. Mir liegt daran, Spiritualität als ökumenische Chance zu begreifen. Christentum in Westeuropa wirkt oft so ausgetrocknet, wenig lebensfroh und meist abseits des Alltags. Das Befreiende unseres Glaubens, die Frohe

Botschaft wird zu wenig erkennbar. Dabei haben wir eine großartige spirituelle Tradition! Wir müssen meiner Meinung nach nicht fernöstliche Rituale suchen, um christliche Spiritualität zu leben, wir können aus eigenen Quellen schöpfen. Aber wir müssen wissen, was unsere Wurzeln sind, um Vielfalt zulassen zu können. Dabei werden uns auf dem Weg sicher konfessionelle Unterschiede bewusst werden, und doch können wir gerade im Bereich der Spiritualität voneinander lernen, gemeinsames Altes entdecken und Neues miteinander erkunden.

Wer beispielsweise miteinander pilgert, macht spirituelle Erfahrungen, die nicht konfessionell einzuordnen sind. So fremd mir orthodoxe Ikonenspiritualität ist, sosehr sind doch Ikonen inzwischen eine Bereicherung auch des Protestantismus. So irritierend für viele orthodoxe Theologen die Impulse der Spiritualität von Frauen in der Theologie sein mögen, sosehr erkennen sie doch darin auch Verbindungen zu ihrer Konzentration auf den Heiligen Geist. Sosehr katholische Heiligenverehrung Protestanten fremd sein mag, sosehr erleben sie, wie die Erinnerung, das Gedächtnis unserer Väter und Mütter im Glauben prägend ist für den eigenen Glauben. So irritierend die charismatischen Elemente der Pfingstkirchen sein mögen, sosehr erkennen wir doch in ihnen auch die Emotion und Hingabe christlicher Anbetung, die in mancher Tradition verloren gingen. Kurzum: Wir können in der Spiritualität voneinander lernen und aneinander wachsen.

Gerade in einer Zeit, in der mancherorts eine Stagnation der ökumenischen Bewegung diagnostiziert wird, erlebe ich auf Pilgerwegen, bei Meditationsseminaren oder in Chören eine bewusst überkonfessionelle Gemeinschaft von Christinnen und Christen. Vielleicht gibt es ja wirklich neben der »Bewegung für Praktisches Christentum«, die die Einheit der Kirchen auf dem Weg des Handelns sucht, und der »Bewegung für Glauben und Kirchenverfassung«, die diese Einheit auf dem Weg der Übereinstimmung in der Lehre finden will, eine »Bewegung für gelebte Spiritualität«, die der Ökumene neue Rückenstärkung gibt.

Bei alledem ist mir wichtig: Spiritualität sollte mit einer gewissen Leichtigkeit des Herzens angegangen werden. In manchen Bereichen droht Spiritualität auch gesetzliche Züge anzunehmen, wenn Druck entsteht, etwa die sieben Fastenwochen einzuhalten, oder wenn bestimmte Übungen zu festgelegten Zeiten zwanghaft werden. Sicher gehört zur spirituellen Übung auch eine gewisse Disziplin und Regelmäßigkeit. Aber vor allem gehören zur Spiritualität die Freude am Glauben und die Liebe zu Gott. Ich freue mich oft an Martin Luthers Aussage, es könne nur mit Humor gepredigt werden. Diese innere Freiheit, auch mit Heiterkeit auf sich selbst zu blicken, hat durchaus Raum in der

Spiritualität. Ein Text von Hanns Dieter Hüsch bringt diese Spannung zwischen Ernsthaftigkeit und Heiterkeit wunderbar zum Ausdruck, wie ich finde.

Sommerpsalm

von Hanns Dieter Hüsch

Im Übrigen meine ich,
dass Gott, unser Herr,
uns einen großen Sommer schenke.
Den Familien einen Korb voll Ruhe
und viele hoffnungsvolle Blicke auf grün und blau.
Wiesen und Wasser und weiße Strände.
Leise Monate.
Dass er das Geschrei aus der Welt nimmt
und Stille verordnet.
Dazu gehört, dass er den Kriegern das Handwerk
aus den Händen nimmt.
Und denen, die ohne Arbeit sind,
die Hoffnungslosigkeit.
Und die Mächtigen nicht zu Mafiosi werden lässt.
Alle können wir daran mittun und daran arbeiten,
dass das Leben langsamer verläuft,
dass die Welt alle Aufregung verliert.
Und die Menschen sich länger ansehen können,
um sich zu sagen: Wir lieben euch!

Gott, unser Herr, möge diese Stille segnen.
Möge diese Stille denen überall in die Ohren
blasen,
die unsere Zeit noch schneller machen möchten
und damit noch kürzer, noch atemloser.
Gott, unser Herr, wir bitten dich: Mach es!
Auf dass unser Herz wieder Luft schnappen kann,
unser Auge aufhört zu zappeln
und unser Ohr wieder richtig hört
und nicht alles vergisst.
Denen, die uns dies alles austreiben möchten,
möge Gott, der Herr, einen Blitz ins Gesäß jagen,
damit sie ihr unmenschliches Tun einsehen
und die Menschen seines Wohlgefallens
in Ruhe lassen.

Und wir wollen unseren Herrgott abermals bitten,
dieses Ansinnen von uns und überall zu segnen.
Und weil es sein muss sofort und immerdar!
Danke und Amen.

Vier tragende
Säulen

Wann immer kritisch gefragt wird: Darf das denn sein in der Kirche? Oder: Ist das denn noch christlich?, denke ich: Wenn die Grundpfeiler fest verankert sind, ist vieles denkbar! Schon der Apostel Paulus hat sich ja mit der Frage befassen müssen, welche Grenzen zu ziehen sind. Mir leuchtet ein, dass er zwei Kriterien in den Vordergrund stellt: Zum einen ist zu prüfen, ob Jesus Christus in der Mitte steht oder ein anderer Mensch, eine andere Sache. Manchmal, wenn in Leitbildprozessen nach einem Kennzeichen oder Symbol für eine kirchliche Einrichtung gesucht wird, sage ich: Wir haben doch eines, das Kreuz! Dieses Zeichen ist auf der ganzen Welt bekannt und als christliches Symbol identifizierbar. Genau hier liegt unsere Mitte, unser Zentrum, unsere Unverwechselbarkeit. Das Kreuz, das für Leiden und Sterben, für Sündenvergebung und Freiheit, für Überwindung des Todes und Auferstehung steht, ist das Markenzeichen des christlichen Glaubens weltweit. Hier entscheidet sich, was christlich ist und was nicht.

Das andere Kriterium für Paulus ist: Geht es um den Aufbau der Gemeinde oder um andere Ziele? Christentum ist eine Gemeinschaftsreligion. Sosehr wir individuell glauben, eine je eigene Gottesbeziehung haben, sosehr geht es doch von Anfang an um ein Miteinander. Das kann manchmal anstrengend sein und durchaus auch ein Miteinander in Konflikten bedeuten. Das ist schon im ersten Korintherbrief in der Bibel nachzulesen. Aber es geht immer um eine religiöse Existenz, die die Brüder und Schwestern im Glauben im Blick hat. Christliches Leben und Egomanie sind ein Widerspruch in sich selbst.

Wenn aber klar war, dass es im Kern um Jesus Christus und die Gemeinde ging, konnte der Apostel Paulus sehr großzügig sein. Dann hat er bei Forderungen nach strengen Gesetzen oder klaren Regelungen für eine Weite des Herzens plädiert. Den Juden ein Jude und den Griechen ein Grieche sein – das ist nicht Anpassung an den Zeitgeist, sondern innere Freiheit. Das bedeutet: Zulassen-Können statt Engstirnigkeit, das meint: Offenheit für Neues statt Festhalten am Gewohnten. Wenn die Grundpfeiler fest stehen, ist vieles denkbar und möglich.

Wo wahre Liebe und Weisheit ist,
da ist nicht Furcht noch Unwissenheit.
Wo die Armut mit der Fröhlichkeit ist,
da ist nicht Begierde noch Habsucht.
Wo die Stille mit dem Gedenken Gottes ist,
da ist nicht Unruhe noch Zerfahrenheit.

Wo die Furcht Gottes als Wache des Hauses ist,
da findet der Feind keinen Zutritt.
Wo die Barmherzigkeit und Klugheit ist,
da ist nicht Verschwendung noch Täuschung.

Franz von Assisi[6]

Die Bibel –
die erste tragende Säule

Immer wieder kommt sie, die berühmte Frage: »Welches Buch würden Sie auf eine einsame Insel mitnehmen?« Manchmal ist es mir schon fast peinlich zu sagen: die Bibel. Bei einer Bischöfin hört sich das so an, als sei das ein berufsbedingter Reflex. Dabei bin ich schlicht als Mensch, als Christin überzeugt, dass sich dieses Buch der Bücher wahrhaftig niemals ausliest. Zum einen entdecke ich immer wieder Passagen, bei denen ich überzeugt bin: Das hast du noch nie wahrgenommen! Schifra und Puah etwa, diese beiden Hebammen zur Zeit des Pharao, habe ich erst im Rahmen einer Weltgebetstagsvorbereitung entdeckt. Dass Joseph und seine elf Brüder auch eine Schwester, Dina, hatten, ist mir eher zufällig aufgefallen. Den kleinen Vers über die Frau von Pilatus habe ich lange übersehen. Die unterschiedliche Akzentsetzung der vier Evangelisten finde ich immer wieder überraschend. Und die Reisen des Paulus habe ich erst für einen Vortrag genauer nach der Schilderung seiner Briefe nachverfolgt – und dabei Paulus sozusagen als den ersten Globalisierer entdeckt!

Der andere Grund, weshalb sich die Bibel niemals ausliest, ist: Ein Text der Bibel ist nie ein für alle Mal im Leben derselbe und hat für unterschiedliche Menschen in ihrer je eigenen Lebenssituation eine unterschiedliche Bedeutung. So ist beispielsweise die Erfahrung vieler Menschen mit Psalm 23 außerordentlich verschieden. Diese Worte haben für viele Menschen Trost und Zuspruch in unterschiedlichen Situationen bedeutet. Aber es gibt auch diejenigen, die innerliche Widerstände spüren, wenn sie hören: Dein Stecken und Stab trösten mich. Sie verbinden damit Schläge in der Familie, die angeblich gut für sie sein sollten. Es hat einige Zeit gedauert, bis ich verstanden habe, dass dieser Bibelvers solche Assoziationen auslösen kann.

Für mich selbst merke ich, wie die Texte der Bibel immer neu in den Kontext, in die jeweilige Situation hinein sprechen. Vor über 25 Jahren habe ich meine erste Predigt geschrieben. Für Predigende gibt es sechs Predigtreihen, die Texte für die Predigt vorsehen, von denen allerdings abgewichen werden kann. Aber das bedeutet, dass ein Pastor oder eine Pastorin alle sechs Jahre demselben Bibeltext als vorgeschlagenem Predigttext begegnet. In diesen sechs Jahren haben sie sich verändert, es geht eventuell um eine andere Gemeinde, und auch der Kontext hat sich verwandelt. Ereignisse wie der 11. September 2001, der Tsunami 2004 oder die Fußballweltmeisterschaft 2006 beeinflussen Predigende wie Predigthörende. Der biblische Text ist die Niederschrift einer Glaubenserfahrung, die in Dialog tritt mit Glaubenden und ihrem Kontext, ihrer jeweiligen Situation. Er ist damit niemals ausgelesen, nie fertig, sondern immer Teil eines Dialogs. Erzählte Gotteserfahrung und erlebte Gottesexistenz treffen aufeinander. Es geht um eine Dreiecksbeziehung zwischen Gott, Mensch und Kontext, in der biblische Texte je neu reflektiert werden und relevant sind. Die Bibel ist daher niemals ausgelesen.

Für mich ist es eine richtige Tragödie, dass so viele Menschen in Deutschland die Bibel gar nicht mehr kennen. In diesem Land hat Martin Luther das erste Mal die Bibel in die Volkssprache übersetzt. Er wollte, dass die Menschen selbst nachlesen können. Schulen für Jungen und sogar für Mädchen hat er gegründet, ein Bildungsprozess unvorstellbaren Ausmaßes wurde so in Gang gesetzt. In dem Lutherfilm, der 2003 am Vorabend des Reformationstages in die deutschen Kinos kam, wurde das auf wunderbare Weise deutlich. Mit Joseph Fiennes in der Hauptrolle entsprach Luther zwar nicht so ganz dem Luther-Porträt von Cranach, das die meisten von uns vor Augen haben, dazu ist er schon allein zu dünn. Aber der Film macht sehr gut klar: Luther hat sich nicht auf andere verlassen, nicht auf Traditionen berufen, sondern selbst gelesen, selbst versucht zu verstehen, gerungen um Wahrheit und Erkenntnis. Als ihm theologisch klar war, dass nichts und niemand sich zwischen ihn und Christus stellen kann, keine Lehre, kein Priester, keine Tradition und auch kein Papst, war das für ihn wie eine Befreiung. Darauf hat er sich dann ganz und gar verlassen: Glaube wird dem Menschen von Gott geschenkt, und er kann deshalb ganz von Gottes Gnade her und frei von Angst leben. Luther hat sich daraufhin nicht geduckt, sondern in Konsequenz aus seinem Glauben heraus mutig Verantwortung in der Welt übernommen. Davon könnten wir heute einiges gebrauchen!

Vor allem für Evangelische ist die Bibel von zentraler Bedeutung, um Orientierung zu finden, ja die ganze Reformation ist letzten Endes von Luthers Bibelstudium her entwickelt. Sehr schön wird das im Lutherfilm dargestellt, als sein väterlicher Lehrer Staupitz (gespielt von Bruno Ganz) ihn zum Studium nach Wittenberg schicken will. »Hast du schon einmal die Bibel gelesen?«, fragt er. Und der Mönch Luther antwortet: »Die Evangelien? Nein.« Da wird etwas erkennbar von der ungeheuren Wende, die bevorsteht. Luther wird wenige Jahre später auf der Wartburg die Bibel übersetzen. Im Film übergibt er sie Friedrich dem Weisen – historisch ist das falsch, Luther hat diesen Fürsten, den Peter Ustinov auf wunderbare Weise spielt, nie getroffen. Aber in dieser Szene wird erkennbar, was für ein Geschenk und welche Herausforderung auch an die damalige Macht der Kirche es bedeutet, wenn die Menschen selbst nachlesen können.

Die Übersetzung der Bibel in die deutsche Sprache war ein revolutionärer Vorgang. Heute wird das ignorant behandelt. Immer wieder erlebe ich, dass Menschen sagen, das Christentum, das sei doch nicht interessant. Und wenn ich frage, was sie denn so Abschreckendes in der Bibel gelesen hätten, wo ihre Schwierigkeiten lägen, dann wird oft klar: Sie haben noch nie in der Bibel selbst gelesen. Das ist ein Trauerspiel! Heute ist die komplette Bibel in 392 Sprachen übersetzt, das Neue Testament in 1012 Sprachen. Es bedeutet manchen Menschen in der Welt ungeheuer viel, nun endlich in ihrer eigenen Sprache lesen zu können, was geschrieben steht.

Die Bibel ist weltweit für Christinnen und Christen zuallererst das grundlegende Buch unseres Glaubens, die tragende Säule, der zentrale Bezugspunkt. Mich fasziniert das oft bei internationalen kirchlichen Konferenzen, weil dadurch häufig eine Verständigung in bestimmten Fragen sehr einfach ist. Das Buch Jona etwa kennen alle, bei den Seligpreisungen weiß jeder und jede, was gemeint ist, Gethsemane ist allen ein Begriff. Die Bibel ist daher auch ein Schlüssel zur Verständigung über kulturelle und nationale Grenzen hinweg. Sie ist Glaubenszeugnis und Quelle des Glaubens.

Gleichzeitig hat die Bibel auch unsere Kultur, die Literatur, die Musik, das Theater geprägt. Wer die Bibel nicht kennt, wird europäische Geschichte und Architektur nicht verstehen. Die Bibel ist auch ein Kulturgut. Und nur wer selbst in der Bibel liest, kann verstehen, worum es da geht, kann auch widerlegen oder befürworten, was behauptet wird. Dabei erscheint mir die so genannte historisch-kritische Methode der Bibelauslegung eher als eine Hilfe denn als Abschreckung, als die manche sie ansehen. Historisch-kritisch bedeutet, dass ich nachlesen kann, in welchem Kontext und in welcher Zeit ein biblisches Buch entstanden ist, ob eine Person oder mehrere die Verfasser waren, ob es spätere Eingriffe in dieses Buch gab. Dazu muss ich nicht gleich Theologie studieren. Es gibt gut verständliche und den Stand der Forschung zusammenfassende Nachschlagewerke (z. B. das Calwer Bibellexikon), die unbekannte Begriffe erklären und die helfen, einzelne Bücher und Autoren einzuordnen und so die Bibel insgesamt besser verstehen zu können.

Wer die Bibel liest, muss auch nicht gleich Hebräisch, Griechisch und Latein können, das ist ja das Großartige an Martin Luthers Übersetzungsleistung. Aber der Leser und die Leserin sollten sich bewusst sein, dass es sich eben um eine Übersetzung handelt. Den Evangelischen ist in der Regel der Klang der Lutherübersetzung bis heute besonders vertraut. Die Kraft seiner Wortwahl hat sich jetzt fast 500 Jahre mit nur geringen Revisionen bewährt. Katholiken ist eher die Einheitsübersetzung geläufig, manche lesen gern die etwas zeitnähere Gute Nachricht, wissenschaftlich Interessierte die Jerusalemer Bibel wegen ihrer vielen Verweise auf Zusammenhänge. Ganz neu erschienen ist die »Bibel in gerechter Sprache«. Sie ist umstritten, will aber gar nicht andere Übersetzungen ersetzen, sondern eher ergänzen, indem sie versucht, dem Kontext, dem jüdisch-christlichen Dialog und der Sichtbarmachung von Frauen gerecht zu werden.

Mir geht es darum, dass wir in unserer Zeit von der Bibel her Orientierung suchen und auch endlich die Sprache wieder finden als Christinnen und Christen in Europa. Wir müssen von unserer eigenen Sache reden, vom Glauben an Jesus Christus, davon, dass Gott die Welt geschaffen hat, dass die Erde Gott gehört und wir Haushalterinnen und Haushalter sind, die sie verantwortlich zu bebauen und zu bewahren haben. Viele Christinnen und Christen sind darüber stumm geworden. Über alles und jedes wird gesprochen, aber nicht über den eigenen Glauben. Hier liegt eine große Herausforderung für uns alle. Wie finden wir eine eigene Sprache, die nicht den formelhaften Bekenntnissen beispielsweise der amerikanischen Kultur entspricht, aber doch Glauben und Vernunft in ein Verhältnis zueinander setzt?

Es wird darauf ankommen, in der individualisierten Gesellschaft zu sagen, was ich glaube, was mich überzeugt, was mich trägt. Die Ressourcen der Bibel, der persönliche Glaube, das wird das sein, was heute überzeugt. Dietrich Bonhoeffer, dessen 100. Geburtstag wir im Februar 2006 gefeiert haben, schreibt in »Widerstand und Ergebung«: »Es ist nicht unsere Sache, den Tag vorauszusagen …, an dem wieder Menschen berufen werden, das Wort Gottes so auszusprechen, dass sich die Welt darunter verändert und erneuert. Es wird eine neue Sprache sein, vielleicht ganz unreligiös, aber befreiend und erlösend, wie die Sprache Jesu, … die Sprache einer neuen Gerechtigkeit und Wahrheit, die Sprache, die den Frieden Gottes mit den Menschen und das Nahen seines Reiches verkündigt.«[7]

Was müssen wir als Kirche, als Christinnen und Christen tun, um in unserer Zeit Menschen nahezubringen: Du kannst dich auf Gott verlassen. Gott kann der feste Grund in deinem Leben sein, wie ein Fels sozusagen, Jesus kann für dich ganz persönlich etwas bedeuten. Welche Sprache können wir finden, die weder verkitscht noch altertümlich oder aufdringlich ist, sondern schlicht überzeugend? Wenn heute kritisiert wird, die Kirchen dürften sich nicht den Medien anbiedern, christliche Wahrheit sei einfach nicht in einer Minute und dreißig Sekunden radiogerecht zu vermitteln, denke ich: Jedes der Gleichnisse Jesu lässt sich wahrscheinlich in einer Minute und dreißig Sekunden lesen. Das heißt, Jesus konnte Glaubenswahrheit mit einfachen Worten und lebensnahen Beispielen eindrücklich vermitteln. Und diese Gleichnisse sind sogar in allen Kontexten der Welt und durch 2000 Jahre hindurch für Menschen verstehbar geblieben. Der barmherzige Samariter, der verlorene Sohn, das Senfkorn als Zeichen für das Himmelreich – das ist nicht kompliziert, aber hat eine tiefe geistliche Dimension. Auch Sprache ist daher von spiritueller Bedeutung.

Vielleicht ist die Poesie die schönste Sprache des Glaubens. Poetische Texte der Bibel von den Psalmen bis zum »Hohenlied der Liebe« im ersten Korintherbrief (1 Kor 13) haben die Herzen der Menschen immer besonders berührt. Gerade in unserer Zeit, in der wir oft der allzu vielen Worte überdrüssig sind, erreicht Poesie die Herzen, berührt unsere Seele. Entdecken wir also die Bibel neu und die Poesie als Sprache des Glaubens.

Anregung

Nehmen Sie eine Bibel zur Hand. Nehmen Sie sich vor, ein Buch darin zu lesen. Jeden Tag ein Stück. Am besten beginnen Sie mit einem der vier Evangelien. Markus ist das kürzeste und älteste, Lukas erzählt gut, bei Matthäus finden Sie die Bergpredigt. Wählen Sie eines dieser drei aus. Johannes hat einen ganz eigenen Stil, das finden Sie besser heraus, wenn Sie erst einmal ein anderes gelesen haben.

Nehmen Sie sich eine feste Zeit, zu der Sie lesen. Vielleicht jeden Abend einen Abschnitt. Oder sonntags eine halbe Stunde. Eine feste Zeit, ein fester Rhythmus sind hilfreich. Vielleicht finden Sie jemanden in der Familie oder im Bekanntenkreis, der auch Interesse daran hat. Wenn zwei sich über die gemeinsame Lektüre unterhalten können, vertieft das den Inhalt. Nach einem Evangelium könnten Sie das erste Buch Mose lesen, dort finden sich die großen Vätergeschichten des Alten Testamentes von der Schöpfung, der Sintflut, dem Turmbau zu Babel über die Erzählungen von Abraham, Isaak und Jakob bis zur Josephsgeschichte.

Wer nicht selbst auswählen will, kann auch der Bibellese folgen. Sie führt im Jahr durch ausgewählte biblische Bücher (siehe z. B. unter: www.oeab.de, unter der Rubrik

»Bibelleseplan«). Sie finden die Angaben zu den Abschnitten der täglichen Bibellese beispielsweise auch in den Losungen. Das ist ein kleines blaues Bändchen, das Sie in jeder Buchhandlung erwerben können. In Herrnhut werden für jeden Tag eines Jahres Bibelverse aus dem Alten Testament gelost, und dann wird ein Abschnitt aus dem Neuen Testament dazu ausgewählt. Viele Menschen nehmen so jeden Morgen einen Vers mit in den Tag. Auch das kann eine gute Form sein, sich der Bibel als einer der tragenden Säulen unseres Glaubens neu anzunähern.

Der Gottesdienst –
die zweite tragende Säule

So mancher Seufzer ist über den Gottesdienst zu hören: zu trocken, zu lieblos, zu wenig ansprechend. Das Fazit einer Auswertung durch Konfirmanden lautete: »Er ist für fast alle ›langweilig‹; in seinem Verlauf wird er als ›schleppend‹ und ›steif‹ empfunden, als ›zu ernst‹, mit ›altmodischer Musik‹; einer schwer verständlichen oder unverständlichen Predigt und durchweg ohne das Erlebnis von ›Gemeinschaft‹.«[8] Nun bin ich überzeugt: Lieblose Gottesdienste können wir uns nicht leisten! Jeder Mensch, der in einen Gottesdienst kommt, muss meines Erachtens gestärkt für den Alltag der Welt wieder herauskommen. Das kann in einem »normalen« Gottesdienst geschehen, aber auch in Gottesdiensten neuer Gestalt, durch neue Musik oder veränderte Formen, im Familiengottesdienst, im Gospelgottesdienst. Ein Gottesdienst soll Menschen im Glauben stärken, sie aufnehmen in die Gemeinschaft, ihnen Anregung geben zum Nachdenken, sie das Lob Gottes singen und ihre Gedanken vor Gott bringen lassen. Insofern müssen wir in den Gemeinden vor Ort überlegen, wie der Gottesdienst lebendiger werden kann, sodass, wer teilnimmt, spirituell gestärkt wird und Gemeinschaft erlebt.

Allerdings will ich Einspruch erheben gegen eine Haltung, die Gottesdienst reduziert auf das Bedienen der eigenen persönlichen spirituellen Bedürfnisse. Gottesdienst heißt ja auch, dass ich Gott diene. Demgegenüber hat sich oft eine Konsumhaltung entwickelt: Gottesdienst soll mir etwas bringen. Aber »Gott loben, das ist unser Amt« (EG 288, 5) gilt auch. Gottesdienst ist dann zweckfrei für mich, reines Schöpferlob. »Der Gottesdienst ist ein Fest, in dem die Gemeinde von einem anderen besucht wird: von Gott, der sich ihr mitteilen will durch sein Wort und der sie einlädt zu seinem Mahl. Gottes Zuwendung ruft die Antwort des Menschen hervor. Deshalb ist Gottesdienst zugleich Gottes Dienst an uns und unser Dienst vor Gott …«[9] Das gilt es, neu verstehen zu lernen.

In Psalm 147 heißt es: »Unsern Gott loben, das ist ein köstlich Ding.« Das heißt, es macht Gott Freude, wenn ich Gott zum Lobe singe, wenn wir gemeinsam zu Gott beten, wenn wir Gottes Wort hören. Gottesdienst ist ein Dialog zwischen Gott und Gemeinde, wir hören und antworten, wir bitten um Gottes Gegenwart und erfahren sie. Und die Liturgie gliedert dieses Fest, gibt ihm eine Form, wie ja all unsere Feste bestimmte

Formen und Rituale kennen, die sich wiederholen, und immer auch Neues, das erprobt wird. Thomas Kabel schreibt: »Das Glockengeläut ruft uns zum spirituellen Abenteuer. Bei der Eröffnung beginnt die Reise: die Reise vom Alltag ins spirituelle Sein. Die Liturgin/der Liturg übernimmt die Reiseführung, die uns durch die Hindernisse und Klippen unseres Weges zum Wesen unserer wahren Natur führt.«[10] Dieses Grundverständnis gilt es, neu zu entdecken.

Vielleicht können wir den Gottesdienst auch neu wertschätzen, wenn wir uns klarmachen: Wir kommen in das Haus Gottes, um unseren Gott zu loben, unseren Glauben gemeinsam zu feiern. Da soll Festcharakter sein! Manche Feste sind ruhiger, im kleineren Kreis, manche rauschend in großer Runde. Und immer nehmen uns Feste hinein in die Gemeinschaft, auch durch die Geschichten unserer Väter und Mütter im Glauben, die weitergegeben werden durch Texte und Musik, durch Liturgie und das Gotteshaus.

In seinem Buch »Schwarzbrotspiritualität« wendet sich Fulbert Steffensky energisch dagegen, in Gottesdiensten nun alles, was vor sich geht, wortreich zu erklären und zu erläutern. Er argumentiert, die alten Rituale und Formen hätten ihre eigene Sprache, auf die wir uns einlassen können, auch ohne alles zu verstehen. Und die Bedeutung einer Predigt sollten wir auch im Protestantismus nicht ständig überhöhen.

Steffensky schreibt: »Vielleicht sind wir besessen von der Idee, dass nur das verstanden und aufgenommen ist, was in die ausdrückliche Bewusstheit gehoben wurde. Es gibt ein anderes Verstehen als das bewusste. Wer die Form, das Ritual und den Gestus missachtet, muss reden.«[11]

Es hat auch einen tiefen Sinn, die alten Formen beizubehalten. Gewiss gibt es neue Gottesdienstformen, die leichter zugänglich sind und heute ansprechender wirken, Gospelgottesdienste etwa. Und es kann gelernt werden, einen biblischen Text nicht herunterzuleiern, sondern ansprechend zu lesen, eventuell mit verteilten Rollen. Die Lieder können so ausgewählt werden, dass eine Gemeinde mitsingen kann, und fremde oder weniger bekannte Lieder können vor Gottesdienstbeginn eingeübt werden. Ich meine, es darf in Gottesdiensten auch geklatscht werden, wenn spontan ein Bedürfnis entsteht, Zustimmung auszudrücken. Aber wenn alles mundgerecht gemacht wird, geht auch etwas verloren. Ein Gloria ist ein Gloria und ein Kyrie ein Kyrie. Zudem sollte geklärt werden, wann gestanden wird, wann Menschen sitzen und wann sie – falls möglich – knien. Eine alte Faustregel lautet: Im Sitzen hören, im Stehen singen, im Knien beten. Das kann in einer Gemeinde abgesprochen und auch durch einen Hinweis kommuniziert werden, damit nicht, wie ich es oft erlebe, die erste Hälfte des Vaterunsers untergeht in einem zaghaften Nacheinander-Aufstehen, weil einige meinen, es müsse gestanden werden, und andere dann denken: Ich will ja nicht die Einzige sein, die sitzt.

Eine Erläuterung jeder einzelnen Form aber mag dem Gottesdienst zwar vielleicht seine manchmal empfundene Strenge nehmen, sie kann ihn allerdings auch zur Plauderei verkommen lassen. Dann war die Atmosphäre nett, aber es hätte auch ein Nachmittag in Nachbars Garten sein können. Liturgie bedeutet einen verlässlichen Ablauf. Bestimmte Riten, Gesten und Formeln sind wiedererkennbar. Fulbert Steffensky beschreibt im schon erwähnten Buch (S. 73 ff.), wie Beheimatung durch Raum und Ritual entsteht. Da muss ich nicht alles bis ins Letzte verstehen, sondern kann mich anvertrauen, mich hineinbegeben in den Ritus. Ich muss nicht in jedem Gottesdienst nachdenken, ob ich jeden Satz des Apostolischen Glaubensbekenntnisses Wort für Wort bejahe, sondern kann mich fallenlassen in diese Tradition, die seit dem Jahr 325 auf der ganzen Welt geteilt wird. Ich kann Lieder singen, die ich vielleicht an manchen Stellen inhaltlich kritisch betrachte, aber mit denen ich mich einlasse auf eine Gemeinschaft durch die Zeit.

Christlicher Gottesdienst ist stets auch eine Gemeinschaftserfahrung im Hier und Jetzt, um den Globus herum und durch die Zeiten. Er kann sich nicht ständig verändern, jeden Sonntag Videoclips einbauen oder eine

Talkshow werden. Wird das versucht, verliert er auch Würde. Gottesdienst ist nun einmal keine kurzweilige Unterhaltungssendung.

Wir brauchen gemeinsame Gottesdienste in Gotteshäusern, weil der christliche Glaube zum einen den einzelnen Menschen in seiner Gottesbeziehung ernst nimmt, ihn aber immer als Teil einer Gemeinschaft sieht. Wir beten auch allein zu Gott, aber wir kommen zusammen, um gemeinsam Gottes Wort zu hören, miteinander zu singen und zu beten. Gemeinschaft im Hören, Singen und Beten ist Teil christlicher Spiritualität. Dass wir das offen gestalten können, ist nicht selbstverständlich. Die erste Christenheit hat dafür ihr Leben riskiert. Auch heute kann es, etwa in China oder in Indonesien, lebensgefährlich sein, an einem Gottesdienst teilzunehmen.

Mir ist durchaus bewusst, dass vielen dieses Gemeinschaftsgefühl verlorengegangen ist. Der Rat der Evangelischen Kirche in Deutschland hat im Jahr 2006 ein Impulspapier unter dem Titel »Kirche der Freiheit« herausgegeben, in dem er Ziele für das Jahr 2030 setzt. Unter anderem soll der Gottesdienstbesuch von vier auf zehn Prozent der Mitglieder gesteigert werden. Das halte ich für eine wichtige Herausforderung. Dies soll vor allem dadurch gelingen, dass Profilgemeinden wie Jugendkirchen, Gospelkirchen etc. entstehen. Ja, es kann sinnvoll sein, schwerpunktmäßig zu arbeiten.

Und doch kann eine milieuübergreifende Gemeinschaft vor Ort Zugehörigkeit und Stabilität erzeugen. Das erlebe ich immer wieder in Kirchengemeinden auf dem Land. Da sind der Unternehmer wie die alleinerziehende Mutter im Kirchenvorstand, im Gottesdienst treffen sich die Lehrerin und der Landwirt. Solche Gemeinschaft, die nicht nach Neigung gesucht wird, sondern durch den gemeinsamen Glauben vor Ort entsteht, ist nicht zu unterschätzen.

Solche Gemeinschaft trägt nicht nur vor Ort, sondern auch weltweit. Wir taufen in diese Gemeinschaft mit Gott und den anderen Christinnen und Christen hinein. So wird ein Kind aufgenommen in die Familie Gottes. Eine Taufe ist kein reines Familienereignis, sie ist ein öffentliches Zeichen und Ritual von Miteinander. Deshalb soll sie im öffentlichen Gottesdienst stattfinden und nicht im Abseits. Die Feier einer Taufe ist gelebte Spiritualität. Hier wird der Geist Gottes angerufen, hier stehen Menschen vor Gott und zueinander. Gerade in einer Zeit, in der Familien kleiner werden, ist die Familie Gottes ein wichtiges Bezugsfeld. Und wenn eine kirchliche Trauung stattfindet, geht es nicht um einen Event, sondern vor Gott und dieser Gemeinde sagt ein Paar Ja zueinander. In diesem Kontext können Menschen dann auch in Krisenzeiten einander beistehen. Gleiches gilt ebenso für andere Übergangsriten, wie etwa Schulanfängergottesdienste oder andere

Kasualgottesdienste wie Konfirmationen, Jubiläen, Taufgedächtnisfeiern.

Am Besten wird die Bedeutung von Gemeinschaft wohl erkennbar im Abendmahl. Jesus hat das gemeinsame Essen sozusagen zu seinem Markenzeichen gemacht. Er hat mit Menschen zu Tisch gesessen, die gesellschaftlich geächtet waren. Er hat beim letzten Abendmahl auch den beteiligt, der ihn verraten sollte. Wenn wir uns heute um diesen Tisch versammeln, sind wir Teil einer Gemeinschaft, der Communio Sanctorum, der Gemeinschaft der Heiligen. Gemeinschaft mit Gott, mit dem Auferstandenen. Aber auch Teil der Communio Sanctorum, der Gemeinschaft der Menschen, die sich Gott anvertraut haben durch die Zeiten, der Menschen vor uns und nach uns, der Christinnen und Christen aller Konfessionen und Nationen rund um die Welt. Mich berührt das beim Abendmahl oft, zu wissen: Wir alle stehen gemeinsam vor Gott, selbst wenn wir in getrennten Kirchen feiern. Gottesdienst, das ist die Liturgie, die Erfahrung der Gemeinschaft, die Tradition, in der ich stehe.

Taufe und Abendmahl sind für die Kirche der Reformation die beiden einzigen Sakramente, weil sie direkt auf Jesus Christus zurückgehen. Evangelische Spiritualität ist daher sicher zuallererst Tauf- und Abendmahlsspiritualität. Wasser, Brot und Wein sind elementare Versinnbildlichungen des Glaubens. Wenn

Erfahrbarkeit des Glaubens gefordert wird, so erleben wir sie hier zuallererst. Und diese beiden Sakramente verbinden uns mit allen anderen Konfessionen. Wir taufen in die eine Kirche Jesu Christi hinein. Die gegenseitige Anerkennung der Taufe ist ein wichtiges Zeichen der Ökumene. Und die Sehnsucht, miteinander konfessionsverbindend Abendmahl bzw. Eucharistie feiern zu können, bleibt auf der ökumenischen Tagesordnung.

Es soll Freude machen, zum Gottesdienst zu gehen! Deshalb wünsche ich mir auch Gottesdienstreform. Allzu oft aber sagen gerade Menschen, die äußerst selten zum Gottesdienst gehen, es sollte sich etwas ändern. Sie unterziehen sich gar nicht erst der Mühe, im Ritual heimisch zu werden. Und die Änderung von Uhrzeiten etwa ändert wenig an ihrem Teilnahmeverhalten. Gottesdienst aber kann nur lebendig werden, wenn Menschen ihn miteinander teilen. Als Bischöfin erlebe ich luxuriöserweise immer gut besuchte, sehr bewusst gestaltete Gottesdienste. Aber mir ist klar: Der Festgottesdienst ist nicht die Regel. Deshalb muss die Gemeinschaftserfahrung im normalen Gottesdienst auf neue Weise gestärkt werden.

Wenn wir auf frühere Zeiten zurückblicken, war der Gottesdienst das zentrale Ereignis. Es gab kaum Ablenkung, keinen Fernseher, kein Kino. Wer sich mit anderen treffen, das Neueste erfahren wollte, ging zum Gottesdienst als der Gemeinschaftsveranstaltung, als dem Ort, an dem man andere treffen konnte, Austausch möglich war. Das lässt sich heute nicht wiederherstellen. Und wir werden auch nicht nur Eventgottesdienste gestalten können. Doch wir können als Christinnen und Christen schlicht regelmäßig diese Gemeinschaft bewusst aufsuchen. Pastorinnen und Pastoren, Kirchenvorsteherinnen und Kirchenvorsteher, Lektoren und Prädikantinnen sollten sie liebevoll gestalten. Aber die Maßstäbe für einen gelingenden Gottesdienst sind weder reine Teilnahmezahlen noch eine Konsummentalität nach dem Motto: Hat mir das nun was gebracht oder nicht? Ich bin sehr dafür, um Gottesdienstteilnahme zu ringen, aber nicht um den Preis von Anbiederung oder Nivellierung der Inhalte. Wir sollten deutlich machen, dass Menschen eingeladen sind, in den Gottesdienst zu kommen aus Freude an Gottes Gegenwart, an der Schönheit des Gotteshauses, an der Liebe zu Gottes Wort, im Bewusstsein der Gemeinschaft.

Da gibt es sicher immer auch Verbesserungsvorschläge und Beteiligungsmöglichkeiten. Ich habe in den USA erlebt, wie zu Beginn alle, die zum ersten Mal anwesend waren, gebeten wurden, aufzustehen und ihren Namen zu nennen. Sie wurden besonders begrüßt. Das war nicht zwanghaft, sondern hat Gemeinschaft ermöglicht. In Brasilien habe ich erlebt, wie zu Anfang gesagt wurde, wer den Blumenschmuck heute gespendet hat – das gibt persönliche Bezüge. Eine Gemeinde sollte Althergebrachtes bewahren, aber offen sein für Neues. Wer Kritik hat, kann eingeladen werden, sie konstruktiv einzubringen. Denn das ist allen Beteiligten deutlich: Eine Balance zwischen Tradition und Innovation ist notwendig.

Unsere Spiritualität als Christinnen und Christen kann sich ganz individuell nach den vielen Möglichkeiten, die unser Glaube bietet, gestalten. Aber es ist wichtig, dass sie immer auch eingebettet ist in die Spiritualität der Tradition und der Gemeinschaft.

Anregung

Besuchen Sie wieder einmal einen ganz »normalen« Sonntagsgottesdienst. Gibt es Elemente, die Sie wiedererkennen von früheren Gelegenheiten? Was tut Ihnen gut, was stört Sie? Vielleicht können Sie einplanen, eine eigene Regelmäßigkeit für den Gottesdienstbesuch zu finden, etwa jeden ersten Sonntag im Monat. Denn auch in die gottesdienstliche Spiritualität müssen wir uns einüben. Wer einmal in einen Gottesdienst kommt, wird sicher vieles fremd finden, das ist normal. Beheimatung in einer Liturgie braucht Zeit. Im Gesangbuch finden Sie in der Regel den Ablauf abgedruckt, vom Psalm über Kyrie, Gloria, Gebet und biblische Lesung zur Predigt und von dort zu Fürbitte, Vaterunser und Segen.

Gibt es eine Kirche, in der Sie sich beheimaten können? Eine Möglichkeit ist das Gotteshaus in Ihrer Nachbarschaft, wo Sie Menschen wiedertreffen, die Ihnen auch im Alltag begegnen. Es mag aber auch sein, dass ein bestimmtes Gebäude oder auch ein Prediger, eine Predigerin, eine spezifische musikalische Prägung oder schlicht die Uhrzeit, zu der Gottesdienst angeboten wird, Ihre Wahl bestimmen. Und wenn Sie mehrmals dort waren und Veränderungsvorschläge haben, werden diese sicher gern gehört, diskutiert und eventuell umgesetzt. Zudem: Konstruktive Rückmeldungen zur Predigt empfinde ich als Predigerin meist als hilfreich und weiterführend. Und ich denke, das gilt für die meisten Menschen, die predigen, weil wir alle viel Zeit in die Vorbereitung investieren.

Das Gebet – die dritte tragende Säule

Das Beten gilt als das »Herzstück christlicher Spiritualität«[12]. Und es ist wohl auch der einfachste Zugang zu Spiritualität. Da bedarf es keiner langwierigen Unterweisung, es betet sich sozusagen von selbst. Und das sollten wir auch nicht verkomplizieren. Martin Luther hat einmal an seinen Barbier Meister Peter über »Eine einfältige Weise zu beten« geschrieben und ihm Mut gemacht, ganz schlicht das Vaterunser zu sprechen. Nicht allzu viel Brimborium solle gemacht werden, sondern in diesem Gebet sei alles aufgehoben, wenn sich das Herz dafür erwärme. Luther schreibt: »Und ich habe so auch oft mehr in einem Gebet gelernt, als ich aus viel Lesen und Nachsinnen hätte kriegen können. Darum kommt es am meisten darauf an, dass sich das Herz zum Gebet frei und geneigt mache… Was ist's anders als Gott versuchen, wenn das Maul plappert und das Herz anderswo zerstreut ist?«[13]

Ja, Gebet ist auch Konzentration. Es ist gut, einen eigenen Ort für das Gebet zu haben oder eine feste Zeit. Es gibt das gemeinsame Gebet im Gottesdienst, aber vor allem auch das persönliche Gebet im Tagesablauf. Gebet ist auch Einübung einer gewissen Routine. Auf diese Weise kann das Gespräch mit Gott Teil unseres Alltags werden. Wir beginnen unseren Gesprächsfaden mit einem festen Ritual. Und dann wird das Gespräch auch hier und da an anderen Punkten im Alltag oder im Urlaub, in Krisensituationen oder in Zeiten überschäumenden Glücks Teil unseres Lebens sein.

Gebet braucht auch eine Form von Disziplin. Eben mal beten, dass dies oder das eintreten möge, das degradiert Gott zu einem Automaten, in den ich eine Münze werfe und erwarte, dass etwas herauskommt. Die Erfahrung des Betens lehrt, dass diese Frage der Wunscherfüllung eine Anfangsfrage ist. Sie entspringt meist einem spontanen Impuls, einer besonderen Situation von Angst oder Hoffnung. Es geht aber beim Beten darum, langfristig beziehungsweise auf Dauer mit Gott im Gespräch zu sein, sich auf die Gottesbeziehung einzulassen. Das verändert immer auch mich selbst.

Die Mystikerin Mechthild von Magdeburg schreibt über das Gebet:

Das Gebet hat große Macht,
das ein Mensch verrichtet mit seiner ganzen Kraft.
Es macht ein bitteres Herz süß,
ein trauriges Herz froh,
ein armes Herz reich,
ein törichtes Herz weise,
ein zaghaftes Herz kühn,
ein schwaches Herz stark,
ein blindes Herz sehend,
eine kalte Seele brennend.[14]

Kraftvoll soll vor allem das »Amen« gesprochen werden, so Luther, damit wir den Zweifel bekämpfen und fest zu unserem Glauben stehen. Luther hat den Zweifel nie unter den Tisch gekehrt, das ist mir wichtig. Niemand steht so fest im Glauben, dass er oder sie nicht auch wanken würde. Vor allem der Anblick oder die Erfahrung von Leiden bringt uns die drängenden Fragen: Gibt es Gott? Und wenn es Gott gibt, wie kann Gott das zulassen? Warum wurde mein Gebet nicht erhört?

Mich beeindruckt an der Gebetserfahrung unserer Mütter und Väter im Glauben, dass dieser Zweifel immer wieder hineingenommen wurde in das Gebet. Es gibt eine Geschichte, in der fromme Juden über Gott zu Gericht sitzen. Angesichts der Weltlage kommen sie zu dem Schluss, dass Gott nicht existieren kann bei so viel Unrecht und Leid. Nachdem das geklärt ist, sagt einer von ihnen: Nun lasst uns gehen und zu Gott beten. Vielleicht kann eine solche Geschichte am besten die Spannung zwischen Glauben und Zweifel beschreiben. Natürlich hadern wir. Und wir spüren auch den Stachel, der uns immer wieder anbohrt, mit der Frage etwa: Sollte Gott die Welt geschaffen haben? Das lässt sich doch alles wunderbar anders erklären! Diese Zweifel, all die Fragen können Teil werden des Gesprächs mit Gott. Schon indem wir beten, glauben wir ja an die Existenz Gottes.

Besonders gut gefällt mir, dass Luther betont, wir würden ja nicht allein beten, sondern mit der ganzen Christenheit. Dieser Gedanke, dass ein Gebet um die ganze Welt geht, ist besonders bewegend, finde ich. Wir stehen sozusagen in einer Erdumkreisung des Gesprächs mit Gott. Auch so ist Gott präsent auf der ganzen Welt. Dass wir auch füreinander beten um die ganze Erde herum, stellt uns in eine Gemeinschaft. Oft gibt es Unglücke, die uns bewegen, wir können nicht direkt helfen, aber wir können füreinander beten. Ich weiß, dass für mich als Bischöfin in einigen Gemeinden und Klöstern gebetet wird. Das berührt mich oft sehr. Einem anderen zu sagen: Ich bete für dich, kann Trost schenken, Belastung verteilen auf mehrere Schultern, es ermutigt in schweren Zeiten, weil ich weiß, ich bin nicht alleingelassen.

Auch habe ich in Gesprächen immer wieder erfahren, wie Menschen in anderen Ländern sich gestärkt fühlen durch die Fürbitte, weil sie so erfahren: Ich bin nicht vergessen, andere kümmert mein Leid. Es gibt einen ökumenischen Fürbittkalender, mit dem wir Woche für Woche für Christinnen und Christen in einer bestimmten Region der Erde beten.[15] So ist Beten nicht nur Teil meiner Gottesbeziehung, sondern auch Element unserer Gemeinschaft. Und wenn wir fragen, ob Beten Wirkung erzielt, so beginnt die Wirkung ja schon, indem wir uns zu Gott wenden und für andere einstehen.

Fulbert Steffensky schreibt:

»*Gott ist der erste Beter, weil er das erste Wort der Sehnsucht spricht. Wer sind wir als Betende, was ist das Gebet? Das Gebet ist die Selbstauslieferung des Menschen an das Geheimnis des Lebens. Es ist kein Mittel, etwas zu erlangen. Es ist die Selbstauslieferung des Menschen an das Geheimnis des Lebens. Im Gebet sind wir am meisten die, die wir sein sollen; die, die nicht auf sich selbst bestehen, die sich aussagen in den Grund der Welt. (...) Wir erkennen unsere eigene Schönheit und Würde im Blick Gottes. (...) Das Gebet ist der höchste Ort der Passivität; des Verzichts darauf, sein eigener Liebhaber und Schönfinder zu sein.*«[16]

Das ist eine entscheidende Erfahrung des betenden Menschen: Ich lasse mich selbst los. Ich vertraue mich einem anderen an. Ich begebe mich in ein Gespräch mit Gott, der mehr ist als das Hier und Jetzt, weiter und größer und tiefer, als ich denken kann. Diese Selbstentäußerung, dieses Loslassen, prägt eine Lebenshaltung. So erfahre ich durch das Gebet auch Freiheit von all dem Druck, unter dem ich stehe. Manches, was ausgesprochen ist, vor Gott besprochen ist, verliert seine Macht, es bedrängt uns nicht mehr so. Probleme verschwinden nicht durch das Gebet, aber sie werden manches Mal auf die ihnen angemessene Dimension zurückgestuft. Die Last, die wir auf dem Herzen haben, Angst, die uns bedrängt – sie lösen sich nicht auf, aber sie werden handhabbar durch das Gebet.

Gebet aus Uganda

Bewahre uns, Gott, vor Panik,
wenn kritische Stunden und Tage
und Erschrecken über uns kommen.
Lass uns nicht vergessen,
dass du Sorgen nicht immer von uns fernhältst,
aber dass du uns durch sie hindurchbegleitest.[17]

Gebete verändern. Mich hat immer wieder die Erfahrung der Montagsgebete in der Leipziger Nikolaikirche beeindruckt. Zu DDR-Zeiten begannen sie im kleinen Kreis. Sie wurden voller, ja überfüllt, weil hier in Freiheit ausgesprochen werden konnte, was Menschen bedrängt. In dem Roman »Nikolaikirche« hat Erich Loest diesen Gebeten, die Pfarrer Christian Führer initiiert hatte, ein Denkmal gesetzt. Nach der Wende wurde es still um sie, aber eine kleine Gruppe hat sie weitergeführt. Und als der Golfkrieg begann, kamen wieder Tausende in ihrer Not und Angst. Danach blieb wieder ein kleinerer Kreis zurück, der jeden Montag diese Gebete aufrechterhielt. Bei der Entführung zweier Männer aus Sachsen im Irak aber wussten die Menschen, wohin sie gehen konnten, um ihre Sorge, um ihren Kummer auszudrücken. Wieder war die Nikolaikirche der Ort der Fürbitte.

Wenn Menschen in Angst und Gefahr nicht mehr ein noch aus wissen, ist das gemeinsame Gebet ein Angebot der Geborgenheit und Gemeinschaft. Ich denke etwa an die Friedensgebete, die Schweigekreise zum Gebet für die vergewaltigten Frauen in Jugoslawien oder an den 11. September 2001, als die Menschen in ihrer tiefen Verunsicherung in die Kirchen strömten, Kerzen anzündeten und dankbar waren, dass ihnen Worte zum Gebet aus einer jahrhundertealten Tradition angeboten wurden, als sie selbst keine Worte mehr fanden.

So sind das persönliche Gebet und das gemeinsame Gebet, mein Gebet zu Gott und mein Gebet für andere tragende Säulen christlicher Spiritualität.

Anregung

Finden Sie einen Rhythmus fürs Gebet, damit Gebet und Alltag sich ergänzen, einander nicht fremd gegenüberstehen. Vielleicht ein tägliches Abendgebet, mit dem Sie den Tag und was ihn belastet oder schön gemacht hat, zurück in Gottes Hände legen. Oder ein Tischgebet, das dankt für die Gaben. Oder schlicht das Vaterunser an einem bestimmten Punkt am Tag oder in der Woche. Und wenn Sie meinen, die Zeit reiche nicht, es sei nicht genug, dann ermutigen Sie vielleicht Worte von Teresa von Avila:

Das Gebet

Das Gebet vermag alles.
Sobald man zu beten anfängt, wird man erfahren,
wie die Sinne sich sammeln, den Bienen gleich, die
zum Korbe fliegen und dort Honig bereiten.

Glauben Sie ja nicht, dass Sie mehr dem Gebete
obliegen würden, wenn Sie viel Zeit hätten. Sehen
Sie diesen Irrtum ein; denn bei guter Verwendung
der Zeit leidet das Gebet keinen Schaden.

Jene Gebetsweise ist am vortrefflichsten und Gott
am angenehmsten, die die besten Früchte hervor-
bringt. Ich meine hier solche Früchte, die sich gut
durch nachfolgende gute Werke bewähren.[18]

Das Gesangbuch –
die vierte tragende Säule

Sollte ich einem Menschen eine Art christliches Handgepäck mit auf den Weg geben, dann wäre neben der Bibel auf jeden Fall das Gesangbuch dabei. Das Singen ist wahrhaftig Herzstück christlicher Spiritualität, ja Musik insgesamt ist einer der vier Grundpfeiler unseres Glaubens.

Ein Lied auf den Lippen, das kann unendlich viel bedeuten. Die Psalmen fordern uns geradezu heraus zum Singen: »Singet dem Herrn ein neues Lied!«, heißt es in Psalm 96,1 oder in Psalm 68,5: »Singet Gott, lobsinget seinem Namen!« Gerade die lutherischen Kirchen haben eine große Tradition, im Singen unseren Glauben auszudrücken. Martin Luther selbst war ein äußerst kreativer Liederdichter. Und Paul Gerhardt ist wohl der größte Liederdichter überhaupt. Seine Verse gehören in den deutschen evangelischen Gesangbüchern zu den am häufigsten erscheinenden Texten, aber auch in der katholischen Kirche werden seine Lieder gesungen, ja sie finden sich in aller Welt.

Am 12. März 1607 wurde Paul Gerhardt geboren. Er hatte ein schweres Leben, und gleichzeitig konnte er durch seine Texte Glaubenszuversicht verbreiten. In seinem Leben hat er viele tiefe Krisen durchstehen müssen, den Verlust des Berufes, den Tod der Kinder und der Ehefrau, aber dennoch hat er in seinen Liedtexten das Leiden und die Glaubensfreude zusammengehalten. Das ist so überzeugend, dass es bis heute verständlich ist. Wer sich mit Paul Gerhardt befasst, erkennt noch einmal, wie sehr das Singen den Weg der reformatorischen Kirchen geprägt hat.

Wie viele Menschen hat Paul Gerhardt beeinflusst: kleine Leute vor Ort in ihren oft so bedrückenden Verhältnissen, aber auch die so genannten Großen: Johann Sebastian Bach, Thomas Mann, Günther Grass, Gabriele Wohmann. Sein Erbe ist Teil der Glaubensgeschichte, aber auch unserer Kultur insgesamt. Wie geben wir diese Tradition weiter? Verklingt das Lied in unseren Kirchen? Ein Kollege hat mir erzählt, er lasse bei Beerdigungen inzwischen CDs erklingen, kein Mensch singe da mehr.

Mir liegt daran, dass wir um diese – gerade auch reformatorische – christliche Singtradition ringen. Traurig, wie wenige Menschen noch wissen, wie das geht. Vielleicht hat die Fußball-WM 2006 da ja sogar etwas bewegt. Immerhin kennen viele wieder den Text und die Melodie unserer Nationalhymne. Das war auch dringend notwendig. Das Debakel mit Sarah Connor, die beim Spiel des 1. FC Bayern München gegen die Nationalelf in der Münchner Allianzarena ins Mikrofon schrie: »Brüh im Lichte dieses Glückes …« und damit Hofmann von Fallersleben eine Drehrunde im Grab bescherte, spricht wohl Bände. Oder denken wir an die Versuche, bei SPD-Parteitagen »Wann wir schreiten Seit' an Seit'« zu singen, die inzwischen meist von einem Bergmannschor unterstützt werden müssen. Oder lassen wir noch einmal die letzte Trauung an unseren Ohren vorüberziehen mit einer Gemeinde, die das Singen nicht gewohnt ist. Ich weiß noch gut, dass meine jüngste Tochter meinen Mann und mich beim Schulanfängergottesdienst Klasse 7 vor Jahren anraunzte: Singt doch nicht so laut, das ist ja peinlich. Dann wurde mir klar: Wir waren fast die Einzigen, die sangen, außer der Pastorin.

Ich möchte zum Singen ermutigen, das Gemeindesingen qualifizieren: Singen ist auch ein Herzstück von Spiritualität. Das kennen doch viele Menschen, dass einem das Herz übergeht vor Glück oder das Herz schier zu brechen scheint vor Schmerz und Kummer. Dann ist es gut, ein Lied zu kennen, das hilft, den Gefühlen, den Glaubensfragen Raum zu geben. An meine Großmutter erinnere ich mich, die auch in der Küche beim Gulaschzubereiten sang: »Befiehl du deine Wege und was dein Herze kränkt …« Und ich erinnere mich genau an eine Situation, in der ich dann unter Tränen gesungen habe: »Der Wolken, Luft und Winden gibt Wege, Lauf und Bahn, der wird auch Wege finden, da dein Fuß gehen kann.« Ja, alte, weise Lieder können unserem Glauben Form, Töne und Text geben. Aber es können auch neue Lieder sein. Ich denke etwa an Xavier Naidoo, dessen Lieder sicher nicht kirchlich sind, aber oft tiefen christlichen Glauben ausdrücken. So singt er beispielsweise in »Vielleicht«: »Nichts ist so wichtig wie die Verbindung zu dir, denn es wäre mein Ende, wenn ich diese Verbindung verlier« – da geht es durchaus um tiefen Glauben, in neue Sprache und neue Töne gefasst.

Singen ist zudem Teil von Bildung, von Herzensbildung! Ob das berühmte Zitat von Johann Gottfried Seume »Wo man singt, da lass dich ruhig nieder, … Bösewichtige haben keine Lieder« allerdings zutreffend ist, bezweifle ich, wenn ich an die Marschlieder der Kriege und die Huldigungslieder der Diktaturen denke. Machen wir uns nichts vor, auch Musik ist verführbar, wird benutzt und lässt sich benutzen. Aber sie kennt eben auch das Moment der subversiven Freiheit: Die Gedanken sind frei … Und sie trägt das Moment der kulturellen Bildung. Mozart, Beethoven, Schumann, sie werden für alle, die ein Instrument spielen oder in einem Chor singen, inhaltlich gefüllte Begriffe. Tradition wird lebendig!

Es gilt, neu zu lernen, dass eben nicht der Kopf allein Zugang zum Glauben ermöglicht, sondern die Aneignung mit allen Sinnen gefragt ist. Kirchenmusik ist auch religiöse Bildung. Und Singen ist von zentraler Bedeutung. Wir glauben, dass Gott sich freut über unser Lied. In Kindertagesstätte wie Schule, in Kindergottesdienst wie Konfirmandenunterricht, in Gottesdienst wie in Chören können wir dieses Singen neu stärken.

Dabei denke ich nicht nur an die Hochkultur. Mir liegt daran, dass wir in der Kirche nicht gleich abwerten, was an E-Musik zu uns kommt. Manches Mal, wenn ich in Gemeinden zum Festgottesdienst bin, tritt neben dem Kirchenchor eben auch ein Gospelchor auf, und das ist gut so. Da ist eine andere Generation, mit ihrem Zugang. Und da sind natürlich viele verschiedene Qualitäten landauf, landab. Darüber sollte sich niemand mokieren! Popkultur hat Raum in der Kirche. Ja, Qualifikation ist wichtig. Aber nicht jeder Chor wird das Niveau eines Elitechores erreichen. Um die Freude am Singen geht es, um den Ausdruck von Leben und Glauben. In jedem Fall erklingen Chöre zum Lobe Gottes und bereichern und erhalten gleichzeitig die Kultur in unserem Land. Das ist ein Gemeinschaftserlebnis: »Großer Gott, *wir* loben dich.«

Wo man das Singen aber allzu sehr zum Pädagogikprogramm macht, kann es allerdings anstrengend werden. So finde ich ganz erfreulich, dass sich das Kirchenvolksgefühl durchgesetzt hat, wenn etwa im neuen Gesangbuch »Stille Nacht« und »So nimm denn meine Hände« abgedruckt sind, auch wenn Kirchenmusikerinnen und Kirchenmusiker und auch so manche Pastorinnen und Pastoren das kitschig finden. Wir sollten Lieder – und Musik insgesamt –, die Menschen ans Herz gewachsen sind, nicht abwerten, sondern dem Gefühl, der Emotion Raum geben. Sonst halten wir an einem religiösen Erfahrungsbegriff fest, der sehr beschränkt, ja elitär daherkommt, und engen damit die Glaubensfreude durchaus ein. Das Singen neu lernen, das muss uns ein Anliegen sein, weil über das Singen auch Emotion, Glauben vermittelt wird.

Kürzlich war zu lesen (vgl. epd Nr. 54/06), dass der Neurologe und Psychotherapeut Eckhard Schiffer nachgewiesen hat, wie Singen von klein auf Gesundheit und Lernfähigkeit fördert. Für die Menge an Glückshormonen, die das Hirn bei einem gern gesungenen Lied ausschüttet, müsste ein Jogger zehn Kilometer laufen. Singen bedeutet zudem auch interkulturelles Lernen. Was für eine Bereicherung etwa, dass wir im neuen Gesangbuch ein orthodoxes Kyrie und ein Halleluja aus dem Pazifik finden – auch wenn diese Lieder aus der Ökumene in einer Gemeinde unserer Kirchen manchmal sehr anders klingen als in Russland, Afrika oder der Karibik. Singen ist wichtig, weil, wie der Musikwissenschaftler und Gesangspädagoge Karl Adamek das formuliert hat, »die Seelen verstummen«, wenn das Singen bedroht ist. Menschen, die singen, sind nachgewiesenermaßen psychisch und physisch gesünder.

In unserem Gesangbuch finden sich übrigens nicht nur Lieder, sondern auch die Bekenntnisse, Luthers kleiner Katechismus und eine Vielfalt an Gebeten. Es ist ein kompaktes Kompendium christlicher Lieder und zentraler Texte. Nachzulesen, wie Luther kurz und bündig die Zehn Gebote auslegt, wie er mit Geboten und Glaubensbekenntnis uns sozusagen eine christliche Grundausstattung mit auf den Weg gibt, das ist faszinierend. Wenn ich einen Gottesdienst nicht ganz so mitreißend finde oder abgelenkt bin, blättere ich daher manchmal hinten im Gesangbuch im Autorenverzeichnis. Und es fasziniert mich, dass wir heute singen, was Menschen vor mehr als tausend Jahren vertont haben, oder Worte benutzen, die Menschen im Dreißigjährigen Krieg für ihren Glauben fanden. Das Gesangbuch stellt uns auch mitten hinein in die Glaubenstradition.

Anregung

Nehmen Sie ein Gesangbuch zur Hand. Blättern Sie im Inhaltsverzeichnis: Gibt es Lieder, an die Sie sich erinnern? Erklingt ein Ton, wenn Sie an eine Situation denken, in der Sie gesungen haben? Wie ist es mit »Geh aus, mein Herz, und suche Freud« (EG 503) oder mit »Befiehl du deine Wege« (EG 361), beide von Paul Gerhardt? Längst gibt es auch neuere Lieder mit moderneren Melodien, wie etwa »Bewahre uns, Gott, behüte uns, Gott« (EG 171), »Ich lobe meinen Gott« (EG 272) und wunderbare Gesänge aus der Kommunität von Taizé wie »Dona nobis pacem« (EG 435).

Ich möchte Ihnen Mut machen zu singen! Wenn es Ihnen schief vorkommt oder peinlich ist, gehen Sie in den Wald. Summen Sie, lassen Sie die Töne sich formen. Viele Gesangbuchlieder sind auch auf CD erhältlich, das kann helfen, die Melodien und Texte neu zu verinnerlichen. Und: Singen Sie im Gottesdienst mit, haben Sie Mut, sich zu beteiligen. Ein kräftiger gemeinsamer Gesang kann wunderbar ermutigen und Gemeinschaft schaffen.

Acht
Spannungsbögen

———•◆•———

Wer über christliche Spiritualität nachdenkt, muss zuallererst Abschied nehmen von der Vorstellung, es gehe dabei um eine Art Verbesserung der eigenen Lebensqualität, um etwas, was ich mir schnell mal eben antrainiere, sozusagen »einkaufe«, wenn ich es gerade brauche. Solche Art von Wellness-Spiritualität wird dieser Tage in unzähligen Angeboten geradezu vermarktet. Da gibt es Hotelaufenthalte, um die Seele baumeln zu lassen, Schweigekurse für Manager, die fit machen sollen für den Berufsstress, Yoga-Kurse zur Entspannung oder Tai-Chi für das innere Gleichgewicht. Doch christliche Spiritualität unterscheidet sich meines Erachtens von dieser Art Wellness-Spiritualität, weil sie nie die »Welt« aus dem Blick verliert.

Wenn der katholische Theologe Johann Baptist Metz von »Compassion«[19] als christlicher Lebenshaltung spricht, trifft er eine entscheidende Grundlage. Es geht zwar auch um mich selbst, aber zuallererst geht es um meine »elementare Leidempfindlichkeit«. Jesu erster Blick galt fremdem Leid. Der deutsche Begriff »Mitleid« trifft das nicht hinreichend.

Es geht, schreibt Metz, um »*Mitleidenschaft, als teilnehmende Wahrnehmung fremden Leids, als tätiges Ein-*

gedenken des Leids der anderen, schließlich als Versuch, sich selbst mit den Augen der anderen, ja, auch mit den Augen der bisherigen Feinde anzuschauen und diesem Blick um ein Geringes länger standzuhalten, als es unsere spontanen Reflexe der Selbstverteidigung erlauben. Diese Mystik der Compassion hat durchaus inspirierende Kraft für unser politisches Leben.«[20]

Es ist mir wichtig, wenn wir über Spiritualität nachdenken, die Gottesliebe, die Selbstliebe und die Nächstenliebe in einer Balance zu halten. Nach meinem Verständnis der Bibel geht es im Christentum nie nur um einen Aspekt, sondern stets um alle drei gemeinsam. Wir stehen in einem Beziehungsdreieck mit unserem Glauben zwischen Gott, uns selbst und den Nächsten. Deshalb ist christliche Spiritualität nie weltabgewandt oder individualistisch, sondern stets eingebettet in das Hier und Jetzt.

Die Inschrift über dem Pfarrhaus auf der Insel Hiddensee drückt diese Spannung zwischen Gottes Gabe und unserer Verantwortung auf wunderbare Weise aus: »Gott ist Woge und Wind. Aber Segel und Steuer, dass ihr den Hafen gewinnt, sind euer.« Christliche Spiritualität bewegt uns, schenkt uns Möglichkeiten, ja, um mit einem anderen maritimen Bild zu arbeiten, sie verankert uns auch, gibt Halt. Aber sie weist uns immer in die Welt hinein, sie entzieht uns nicht dem Hier und Jetzt, sondern eröffnet Möglichkeiten, zu leben und zu handeln. Solche Spiritualität stärkt uns im Glauben, sie gibt unserem Leben Balance, damit wir eintreten können für Recht und Gerechtigkeit.

Wenn Spiritualität ein ökumenischer Zukunftsbegriff ist, dann auch, weil wir durch sie stark werden in der Solidarität mit Schwestern und Brüdern in aller Welt. Weil die Starken dadurch bereit werden, für die Schwachen einzutreten, weil die Schwachen dadurch wissen, dass sie nicht verloren und alleingelassen sind, sondern Teil der Familie der Kinder Gottes. Solche Spiritualität gibt Menschen die Kraft, sich nicht abzufinden mit den vorfindlichen Verhältnissen. Sie gibt den Mut, aufzubegehren gegen Unrecht und Gewalt. Sie gibt Energie, den Zirkel der Egomanie zu verlassen und für ein Miteinander einzutreten. Vielleicht ist das im Zeitalter der Ökonomisierung aller Lebensbereiche die größte Herausforderung, die Spiritualität in diese Welt bringt. Für mich ist das auch der elementare Unterschied zu allen Formen von rein auf das Ich konzentrierter Spiritualität.

Die Vollversammlung des Ökumenischen Rates der Kirchen in Nairobi 1975 sprach von einer »spirituality for combat« (deutsch etwa: Spiritualität für den Kampf). Nun mag dieser Begriff heute etwas hart klingen, Kampf und Spiritualität scheinen uns Gegensätze zu sein. Wenn »combat« aber bedeutet, uns stark zu machen zum Widerstand gegen Zerstörung und Gewalt, gegen die totale Herrschaft der Ökonomie, gegen die Vereinzelung, dann mag der Begriff auch heute sinnvoll sein. Spiritualität, die widerständig macht, brauchen wir. Damit ist Spiritualität herausgelöst aus einem Muster völliger Innerlichkeit. Sie ist im christlichen Sinne immer im Dialog mit der Wirklichkeit, mit dem Alltag, mit den Herausforderungen der Gesellschaft. Es geht um Frömmigkeit, die von Gottes Geist lebt, aber sich auch der von Gott geschaffenen Welt verpflichtet weiß.

Der oben schon erwähnte Lutherfilm von 2003 hat das an einem interessanten Beispiel illustriert. Um die reformatorische Wende darzustellen, wurde ein völlig unhistorisches Ereignis konstruiert: Der junge Luther beerdigt einen jungen Selbstmörder auf dem kirchlichen Friedhof. Dieser Akt ist ein Zeichen der unbedingten, voraussetzungslosen Zuwendung und Gnade Gottes. Luther zeigt im Film: Auch der Selbstmörder ist nicht ausgeschlossen von Gottes Liebe. Statt ihn, wie es damals üblich war, außerhalb der Friedhofsmauern zu verscharren, bleibt er auch im Tod in der Gemeinschaft der Kinder Gottes. Das ist ein berührendes Zeichen für Gottes Zuwendung zum Menschen auch in tiefer Verzweiflung oder Schuldverstrickung. Luthers elementare Glaubenserkenntnis, dass Gott uns Gnade schenkt, war in Bibellektüre, Meditation und Gebet errungen, durch Spiritualität also. Sie setzte sich aber um in gelebte christliche Praxis, die ihn bis zur Konfrontation mit Papst und Kaiser führte.

Die Spannung zwischen Spiritualität und Alltag ist für mich ein wohltuendes Zusammenspiel im Christentum. Weder scheint mir völlige Weltentfremdung als der rechte Gottesdienst noch völliges Aufgehen in der Welt als Zentrum christlicher Existenz. Jeder Christ, jede Christin, aber wohl auch jede Zeit muss immer neu die eigene Balance zwischen Innerlichkeit und äußerer Welt finden, zwischen Glaubensstärkung und Engagement bzw. Weltverantwortung. Bei den einen wird das Pendel mehr zu dieser, bei den anderen mehr zu jener Seite ausschlagen. Niemals aber kann ein Christ ganz und gar der Welt entfremdet leben, niemals eine Christin völlig in der Welt aufgehen. Bei einer spirituellen Glaubenserfahrung geht es eben nicht um Selbsterlösung, wie viele Skeptiker meinen, es geht auch nicht um Weltflucht oder einen Rückzug in irrationale Bereiche, vielmehr geht es um vertiefte Glaubenserfahrung, die mich stärkt.

Im Folgenden wird diese fruchtbare Spannung an acht Beispielen verdeutlicht, die jeweils mit einem konstruierten Dialog beginnen. Dialogpartnerinnen und -partner sind vier Frauen und vier Männer, die entweder als historische Personen einen wichtigen Beitrag zum Thema Spiritualität geleistet haben oder – in zwei Fällen – fiktive Personen, die für eine Glaubenshaltung stehen, die sich im Leben bewährt. Ich hoffe, in den Dialogen wird sowohl die beschriebene Spannung erkennbar als auch die Relevanz von Spiritualität für christliches Leben.

Beten und Handeln –
Ein Gespräch mit Benedikt von
Nursia

Viele sehen Spiritualität als einen Rückzug aus der Welt, nehmen Glaubende als weltabgewandt wahr. Aber ich meine, der Glaube weist uns geradezu auf die Welt. Beim Bericht über die Himmelfahrt Jesu weist der Engel die Jünger, die ihm nachschauen, auf den Weg zurück nach Jerusalem: »Was steht ihr da und seht zum Himmel?«, fragt er (Apostelgeschichte 1,11). So gehören Glaube und Handeln stets zusammen. Benedikt von Nursia, der von ca. 480 bis 547 lebte, gilt vielen vor allem aufgrund seiner berühmten Regel, der Benediktsregel[21], als Wegweiser für ein Mönchtum, das Beten und Arbeiten in Balance hält und damit auch für alle Christinnen und Christen Anregung gibt.

Weißt du, Benedikt, das ist schon ein hoher Anspruch, als Erfinder des abendländischen Mönchtums zu gelten! Ja, gut, ich verstehe schon, wenn du sagst, so war das alles nicht, Augustinus, Basilius und all die anderen Kirchenväter haben dich geprägt, das war keine völlig neue Erfindung. Aber du musst doch ein einzigartiges Talent gehabt haben, all das, was du gelesen und wahrgenommen hast, auf den Punkt zu bringen. Deine Regel, die viel beachtet wird, ist ja auch gar nicht so originell, wie viele immer meinen, sie entspricht eigentlich dem, was lange schon bekannt war und gelebt wurde. Aber dir ist es gelungen, aus den vielen kreativen Ansätzen einen »großen Wurf« zu entwickeln, ein Kompendium sozusagen. Die Regel wirkt auch in unseren Tagen wirklich überzeugend und klar, sie ist gegliedert, umfasst den Gottesdienst wie die Organisation des Klosters, Strafen ebenso wie Reiseratschläge. Das ist bis heute beeindruckend. Sogar Wirtschaftsleute finden das interessant im 21. Jahrhundert!

Ja, sagst du, da war so viel Sehnsucht nach gelingendem Leben. Ich muss sagen, das erinnert mich durchaus an heute. Damals, als der Umbruch stattfand zwischen dem Römischen Reich und etwas Neuem, das noch nicht bekannt oder erkennbar war, herrschte große Unsicherheit. Hungersnöte gab es, Seuchen und Erdbeben.

Du siehst dich also als eine Art Aussteiger? Das müsste ich Aussteigern heute mal erzählen. Du warst ja offenbar enttäuscht vom Verfall der Moral. Aussteiger heute wollen sich eher von der vorherrschenden Moral

befreien. Jedenfalls hast du das Studium in Rom »hin-
geschmissen« und dich in eine Höhle zurückgezogen.
Was hat das wohl für deine Eltern bedeutet? Dieses be-
gabte Kind, und dann lebt er mit ein paar Eremiten,
betet und meditiert in Felsschluchten! Heute wärst du
glatt ein Fall für den Therapeuten! Du warst ja Kind
eines reichen Landbesitzers. Und dann geht deine
Zwillingsschwester auch noch so einen Weg, als Heilige Scholastika wird sie heute verehrt. Was war da los
bei euch zu Hause? Wer hat euch so beeinflusst? Das
würde mich wirklich interessieren.

Aber so ganz weltabgewandt kannst du ja auch nicht
gewesen sein. Es heißt, dass Hirten und Bauern zu dir
kamen. Vielleicht waren sie neugierig. Vielleicht haben
sie aber auch das gesucht, was wir heute Spiritualität
nennen: Geistliche Nahrung. Und dann hast du dich
von einigen Mönchen rufen lassen, die Leitung ihrer
Gruppe zu übernehmen. »Ha«, reagierst du, »die dach-
ten, ich wäre jung und unbedarft, und wollten sich
nicht an klösterliche Disziplin halten, eine Gruppe von
Individualisten war das, die wollten mich am Ende nur
noch loswerden.«

Wie sagte Jesus, die Jünger sollten den Staub von
ihren Füßen schütteln und weiterziehen. Das hast du
offenbar gemacht und ungefähr im Jahr 529 mit Gleich-
gesinnten die Klosterburg Montecassino zwischen Ne-
apel und Rom aufgesucht. »Ja«, höre ich dich aufatmen,

»da konnten wir das Miteinander von der Balance von Beten und Arbeiten endlich konsequent leben!«

Wenn ich darüber nachdenke, scheint es mir, als müssten deine Grundsätze von Demut und Gehorsam, von Armut und Beständigkeit damals wie heute abschreckend gewirkt haben. Aber du hast damit offenbar eine Lebensform definiert, die über die Zeiten überzeugend ist, zeitlos sozusagen. »Ora et labora«, bete und arbeite – so wird deine Regel heute kurz gefasst. Schon gut, ich weiß, das stammt so nicht von dir und ist erst von Benediktinerinnen und Benediktinern im 19. Jahrhundert quasi als Zusammenfassung geprägt worden. Mir gefällt ehrlich gesagt die Langfassung noch besser: »Ora et labora et lege«, bete und arbeite und lies. Bei all deinen vielen Regeln für das Gebet und die Organisation des Klosters, für das Zusammenleben, die tägliche Versorgung, für das Verhalten bei Fehlern wie Unpünktlichkeit (!) etc. kommt mir nämlich das Bibelstudium ein bisschen kurz. Vielleicht ist das zu lutherisch gedacht. Aber dass erst unter Punkt 48 eine Regel mit der Überschrift »Ordnung für Handarbeit und Lesung« kommt, finde ich etwas spät, so wichtig mir Gottesdienst und Arbeit und auch die Ordnung erscheinen.

Doch du hast ja mehr gemeint. Zum einen sollen wir Gottes Stimme hören, durch Schweigen Konzentration gewinnen und mit dem Gebet zu festen Zeiten uns immer wieder am Tag an Gott rückbinden. Diese festen Rhythmen halte ich auch für wichtig, weil sich sonst unweigerlich Unwichtiges in den Vordergrund drängt. Allerdings hast du wahrhaftig viel geregelt! Ausbrechen können Mitglieder der Klostergemeinschaft da als Individuen kaum noch!

Zum anderen sollten die Mönche arbeiten, um den Bezug zur Welt, zur Erde nicht zu verlieren. Das gefällt mir am Besten: Das Mönchsein sollte nicht fernab von der Realität geschehen. Dass du als Mitglied der gesellschaftlichen Elite körperliche Arbeit zum Lebensgrundsatz gemacht hast, fanden viele spektakulär. »Heute«, erklärst du, »würdet ihr das wohl ›Ganzheitlichkeit‹ nennen. Mir war wichtig, dass das Leben eine Struktur hat, Klarheit und Rhythmus. Übrigens habe ich ja nicht nur an Mönche gedacht. Oft habe ich ja auch von Brüdern geredet, heute würde ich wohl von Brüdern und Schwestern sprechen. Meine Regel könnte ja auch hilfreich sein für diejenigen, die in ›der Welt‹ leben, denen täte oft Schweigen und Beten ganz gut, damit sie die Verbindung zum Glauben in ihrem Alltag nicht verlieren.«

Für viele Mönche und Nonnen ist deine Regel nach der Bibel das wichtigste Buch, es ist weltweit verbreitet. Und viele Menschen außerhalb der Klöster finden auch heute daran Orientierung. Übrigens, Benedikt, du giltst für viele auch als Friedensstifter. »Pax«, Friede, ist für die Benediktiner heute ihr zweites Wappenwort. Ich denke, das liegt daran, dass du in deiner Regel versucht hast, das Verhältnis zwischen den Generationen und etwa auch die Dienstordnung zwischen Abt und Prior bis hin zum Pförtner zu regeln. Manchmal helfen Regeln, Konflikte zu klären.

Ja, auf Gemeinschaft kam es dir an. Du wolltest die Menschen nicht mit hochtrabenden Forderungen erdrücken, sondern hast ja Ratschläge bereit, Konfliktlösungen. Beratung im Konvent etwa war dir wichtig. Das klingt nicht nach zurückgezogenem Einzelchristentum. Du hast das monastische Leben, das Leben im Kloster, an der Familie als Vorbild orientiert: Der Abt als Vater, die Mönche als Geschwister. Deshalb hast du auch weniger eine Ordensgemeinschaft gegründet als ein Konzept entwickelt von christlichem Leben miteinander mit gewissen Grundregeln wie Zölibat, einfacher Ernährung und festen Zeiten für Gebet, Lesung, Arbeit und Schlaf.

Und diese Balance zwischen Schweigen und Gemeinschaft, eigenem Gebet und Eingebundensein in die Gemeinschaft scheint mir elementar zu sein für christliche Spiritualität. »Nun«, meinst du, »ein Mensch muss dem eigenen Leben eine Mitte geben, indem er Gott als diese Mitte ansieht. So kann der Mensch aus dieser ängstlichen Verkapselung im eigenen Ich heraustreten. Wir sollen doch die Nächsten lieben. Nur wenn wir aus der Egomanie aufbrechen, können wir frei sein für Christus und für die Gemeinschaft.« Wenn ich darüber nachdenke, lieber Benedikt von Nursia, kann das auch für uns heute hilfreich sein: Dem Leben eine Mitte geben, die uns frei macht, anderen zur Seite zu stehen.

Anregung

Beginnen Sie den Tag mit Luthers Morgensegen:
Ich danke dir, mein himmlischer Vater,
durch Jesus Christus, deinen lieben Sohn, dass du mich
diese Nacht vor allem Schaden und Gefahr behütet
hast,
und bitte dich,
du wollest mich diesen Tag auch behüten
vor Sünden und allem Übel,
dass dir all mein Tun und Leben gefalle.
Denn ich befehle mich, meinen Leib und Seele
und alles in deine Hände.
Dein heiliger Engel sei mit mir,
dass der böse Feind keine Macht an mir finde.

Selbstliebe und Nächstenliebe –
Ein Gespräch mit Elisabeth von Thüringen[22]

*D*ie Liebe spielt für den christlichen Glauben eine zentrale Rolle. Und gerade in der Spiritualität ist die Wahrnehmung der Liebe Gottes, die Erfahrung dieser Liebe von zentraler Bedeutung. Wenn wir aber von Gottes Liebe für diese Welt sprechen, dann können wir uns mit Ungerechtigkeit, Krieg, Hunger und Elend nicht abfinden. Gerade der Widerstand gegen Unrecht ist in der Bibel verankert, weil die Liebe zum Nächsten mich eintreten lässt für die Menschen am Rande. Elisabeth von Thüringen (1207–1231) ist ein Vorbild darin, wie sie sich den Armen zugewandt hat. Aufopferungsvoll hat sie sich für Hungernde und Kranke eingesetzt. Manches Mal aber hat es ihr bei aller Nächstenliebe wohl an der Selbstliebe gefehlt. Dass beides zusammenzuhalten ist, ja von Jesus als das höchste Gebot die Trias von Gottesliebe, Nächstenliebe und Selbstliebe im Zusammenhang gesehen wird, darf im Gespräch mit ihr nicht zu kurz kom-

men. Wiederum: Es geht um die angemessene Balance,
auch in diesem Gespräch.

Liebe Elisabeth, ich wollte schon lange mit dir reden.
Auf die Elisabethschule in Marburg bin ich gegangen
von der fünften Klasse bis zum Abitur. Die wunderbare gotische Elisabethkirche dort habe ich oft besucht.
Evangelisch ist sie heute! Deine Gebeine beziehungsweise die Reliquien hat Philipp von Hessen im Zuge
der Reformation entfernen lassen. Es sollte ja ein Ende
haben mit dem Heiligenkult.

Aber die Legenden wurden uns noch erzählt, beispielsweise von dem Brot, das sich in Rosen verwandelt haben soll, als dein Mann nachfragte, was du da im
Korb hast. Stimmt das eigentlich?

Jetzt lachst du! Es soll ja trotz der arrangierten Ehe
und deiner Heirat schon mit 14 Jahren eine glückliche
Beziehung gewesen sein zwischen euch beiden. Erzählt
wird, dein Mann habe dir den Rücken gestärkt und sogar gesagt: »Solange sie mir die Wartburg nicht verkauft …« Das hört sich gut an, humorvoll.

Weißt du, mir imponiert einerseits dein so klares
und unerschrockenes Eintreten für die Armen. Woher
hattest du das wohl, warst du doch als Vierjährige
schon an den Hof des verabredeten Ehemannes »über-
führt« worden? Da muss dir jemand Selbstvertrauen
und Glauben vermittelt haben. Du hast ganz klar und

ganz konkret den Armen geholfen. Und du hast dir auch nichts daraus gemacht, als andere darüber lästerten. Dass Christen den Armen beistehen sollen, zum Teilen aufgefordert sind, das hast du wirklich konsequent umgesetzt. Ja, ich höre dich schon sagen, das sei doch selbstverständlich für Menschen, die Jesus nachfolgen wollen. Aber du weißt selbst: Das ist es nicht.

Mit deinem Eintreten für die Armen bist du ein Vorbild für mich. Ich verzage oft an dem Wissen, dass Tausende von Menschen hungern, so viele in Afrika beispielsweise wahrhaftig ver-hungern, von AIDS geknechtet sind, und wir hier im Überfluss leben, während es eigentlich genügend Nahrung für alle gibt. Manchmal stehe ich unter der Dusche und denke: Was würde wohl eine Frau in Nigeria zu solchem Luxus sagen? Wie soll ich einem kleinen Mädchen in Äthiopien erklären, dass es genug Nahrung gibt, aber die Verteilung das Problem ist? Warum kann die tolle hochtechnisierte Welt des 21. Jahrhunderts diese Herausforderung nicht bewältigen, noch nicht einmal für die Verteilung der vorhandenen Lebensmittel sorgen? Das muss doch möglich sein, das ist eine elementare Zukunftsfrage für Frieden und Gerechtigkeit auf unserer Erde.

Jetzt, Elisabeth, wirst du einwerfen: Mach es nicht so abstrakt, frag lieber, was du konkret tun kannst. Ja, wahrscheinlich hast du Recht. Aber die Welt ist auch kompliziert mit ihren Strukturen. Das war sie doch auch damals schon: hier die Verwöhnten bei Hofe, da die Elenden in der Gosse. An den Strukturen hast du ja letzten Endes auch nichts ändern können, nur hier und da Not konkret lindern. Obwohl – das ist nicht wenig… Ob es vielleicht vor allem darum geht, konsequent zu sein im eigenen Lebensstil, ganz gleich, in welcher Epoche wir leben?

Vor einigen Jahren war ich beim Weltsozialforum in Brasilien. Es ist von sozialen Bewegungen gegründet worden, um einen Gegenakzent zum Weltwirtschaftsforum in Davos zu setzen. In Porto Alegre die Armen sozusagen und in Davos die Reichen, oder: hier das Elend von Eisenach, dort diejenigen auf der Wartburg. Viele Gruppen waren beim Weltsozialforum anwesend: Landlose, verarmte Bauern, AIDS-Kranke… Heftig haben sie diskutiert, wie denn Gerechtigkeit entstehen kann. Solidarität ist ihr Konzept, miteinander leben. Nein, sie haben keine umfassende Lösung für die komplexen Weltprobleme. Aber sie wollen die Hoffnung nicht aufgeben, dass eine andere Welt möglich ist.

Hattest du eigentlich solche Hoffnung? Oder ging es dir mehr um dich, um deinen Glauben? Jetzt wirst du ärgerlich, das verstehe ich schon. Aber ich habe immer ein gewisses Unbehagen, wenn jemand meint, den Armen etwas Gutes zu tun durch Almosen. Das kann so schnell herablassend sein, die Armen zum Objekt machen. Das beste Beispiel ist für mich das Projekt der Obdachlosenzeitungen. Da sitzen eben Menschen nicht geduckt auf dem Boden und bitten um eine Gabe, sondern wir können uns auf Augenhöhe begegnen, wenn ich eine Zeitung kaufe.

Nun sagst du: »Wir müssen Gott wohlgefällig werden durch unser Leben.« Das wäre ein schöner Disput, weil du da eine Position vertrittst, die vor der Reformation liegt. Genau dagegen hat Martin Luther drei Jahrhunderte später rebelliert. Er hat gesagt: Gott liebt uns von vornherein. Wir müssen nicht versuchen, durch gute Werke unser Seelenheil zu erarbeiten. Das geht gar nicht. Gott sagt uns Lebenssinn zu, und in der Konsequenz versuchen wir, verantwortlich zu leben.

Beim Weltsozialforum in Brasilien war etwas spürbar von der Wut, dem Zorn der Armen auf die Reichen. Und die Reichen, das sind wir. »Wie könnt ihr so leben und wissen, dass andere an dieser Weltordnung verrecken?«, fragte mich ein landloser Bauer. Du sagst natürlich, es sei eine Ausrede, wenn ich jetzt erkläre, das System sei so kompliziert, dass direkte Hilfe kaum möglich ist. Als im Winter 1225/26 verheerender Hunger herrschte im Land, hast du als junge Landgräfin einfach Geld aus der Staatskasse genommen, um die größte Not zu lindern. Da warst du gerade mal 18 Jahre alt, alle Achtung! Die Liebe der Armen hat

dir das eingebracht, aber auch den Hass und die Ver-
achtung der Herrschenden, geradezu Feinde und auch
Neider gab es am Hof. Es heißt, sie hätten dich als Ver-
schwenderin bezeichnet. Hattest du die innere Stärke,
das gelassen hinzunehmen, oder hat das auch wehge-
tan? »Es ging mir nur um den Heiland«, sagst du jetzt.
Aber ein Mensch lebt doch auch in Beziehungen, wir
brauchen doch auch Solidarität, gemeinsame Aktio-
nen, wenn wir etwas ändern wollen ...

Liebe Elisabeth, ich habe »*einerseits* bewundere ich
dich« gesagt, jetzt muss ich aber auch »*andererseits*«
sagen. Wie hoch hast du das Ideal der eigenen Armut gehängt! Mit 20 wolltest du dein Vermögen ver-
schenken, um selbst arm zu sein. Wem hätte das etwas genutzt, frage ich mich. Du sagst natürlich: »Das
war meine persönliche Entscheidung, da hast du gar
nichts zu beurteilen. Ich wollte frei sein von der Last
des Reichtums.« Doch, das höre ich schon. Aber ist das
nicht etwas zynisch gegenüber den Armen? Die hätten gern die Absicherung, täglich eine warme Mahl-
zeit für sich und die Kinder garantiert zu wissen. »Du
denkst nur an Sicherheit!«, rufst du jetzt und zitierst
das Bibelwort: »Was hülfe es dem Menschen, wenn er
die ganze Welt gewönne und nähme doch Schaden an
seiner Seele?« (Matthäus 16,26). Ja, da hast du Recht,
aber hast du dich je gefragt, was dein Handeln für andere bedeutet?

Dein so furchtbar strenger Beichtvater Konrad von Marburg hat schließlich die Veräußerung des Vermögens verhindert. Da war der fromme Mann wohl schließlich ganz weltlich gesinnt. »Das ist gemeine Verleumdung, du kanntest ihn nicht!«, rufst du, und das stimmt ja auch. Aber sympathisch ist er mir wirklich nicht, nach dem, was ich gelesen habe. Du hast dich von ihm, deinem so genannten »Seelenführer« mit Bußübungen und real blutigen Geißelungen demütigen lassen. Das ist mir völlig unverständlich! Hast du wirklich geglaubt, Gott fände das gut? Was hat Gott denn davon, wenn wir uns selbst zerstören? Ich kann keinen Sinn darin sehen und auch keine Spiritualität darin erkennen.

Kurzum, du hast dein Vermögen investiert, um in Marburg ein Spital zu gründen. Dort wurden Kranke gepflegt, die kein Krankenhaus aufnehmen wollte. Das finde ich großartig. Solche Not gibt es ja heute auch, da brauche ich gar nicht nach Afrika zu schauen. Alte, die einsam sind und nicht besucht werden, Frauen, die Angehörige pflegen und daran verzagen. »Dann tu doch etwas«, sagst du ganz trocken. Und ich muss eingestehen, ich könnte mehr tun. Du hast schon wieder Recht, wenn du sagst, es sei eine Ausrede, immer zu sagen: Was kann ich schon tun mit Blick auf das komplexe große Ganze? Wir lassen uns sicher oft ablenken oder einfach leicht zufriedenstellen damit, dass unsere Handlungsmöglichkeiten eben begrenzt sind. Also: 2:0 für dich!

Ein Punkt aber treibt mich besonders um: Mit 21 trittst du in den Franziskanerorden ein und gibst deine drei kleinen Kinder weg. Sie müssen nach dem Tod ihres Vaters und der Vertreibung von der Wartburg doch ohnehin wohl schon völlig verstört gewesen sein. Darf das eigene Ideal der Armut so weit gehen, dass Verantwortung für andere aufs Spiel gesetzt wird? Das verstehe ich überhaupt nicht! Die Verantwortung für meine Kinder steht für mich immer vor allem, auch vor Kirche und Beruf.

»Ich habe die Kinder Gott anvertraut«, darauf beharrst du. Aber meinst du wirklich, die Verantwortung für die eigenen Kinder wiege weniger als der Einsatz für eine gute Sache? Können wir dem nahen Nächsten Liebe und Zuwendung entziehen, um dem fernen Nächsten Gutes zu tun? Nun meinst du, ich hätte ein zu romantisches Mutterbild, das sei früher anders gewesen, schließlich bist du mit vier Jahren auch schon in die Welt geschickt worden. Aber, Elisabeth, jede Generation braucht starke Persönlichkeiten! Und die entwickeln sich am besten, wenn sie Vertrauen und Zuwendung durch die Eltern lernen. Gut, ich sehe ja ein, dass du das für ein Missachten der Taufe hältst. Aber in der Taufe versprechen schließlich auch die Eltern, ihre Kinder im Glauben zu erziehen, das können wir doch nicht delegieren!

Zuletzt bist du völlig aufgezehrt von Mitleid und

Aufopferung am 17. November 1231 gestorben. Da warst du 24 Jahre alt. Mich macht das zornig, weil ich nicht sehen kann, wie das zum christlichen Glauben passt. »Liebe deinen Nächsten wie dich selbst«, sagt Jesus. Das meint, ich darf mich auch selbst lieben. Mein Körper, meine Gesundheit, sie sind doch auch ein Geschenk Gottes! Wie kann ich mich für die Armen einsetzen, wenn ich keine Kraft mehr habe? Oder denke ich hier zu evangelisch: Nicht durch Werke werden wir gerechtfertigt, sondern allein aus Gnade ...

Doch, Elisabeth, du bleibst schon eine Provokation. Ich wünsche mir oft, einen Angelpunkt zu finden, an dem ich klar, konsequent und eindeutig für die Armen eintreten kann. Spenden für »Brot für die Welt« erscheint mir da schlicht zu einfach. Es macht mich verzagt, dass wir in einer so ungerechten Welt leben, in der die einen zu dick sind und die anderen verhungern, um es ganz drastisch auszudrücken. Aber es ist so schwer, Lösungen zu finden. Welthandelsstrukturen, Machtverhältnisse, Produktion, Globalisierung ...

Vielleicht müssen die Kirchen wirklich heute klarmachen, dass jeder Mensch, wo auch immer er lebt, Schwester und Bruder ist, wie in Eisenach und in Marburg. Und dass wir dich als Vorbild sehen können, wenn es um das Haben geht, um das Hängen an eigenen Privilegien und an Besitz.

Und doch sehe ich mich auch von Gott an einen Ort

gesetzt mit eigener Verantwortung. Niemand von uns kann das ganze Elend der Welt auf den eigenen Schultern tragen. Jesus ging es darum, das Evangelium den Armen zu verkündigen (Lukas 4,18). Das hat er getan in Wort und Tat. Ja, das ist Auftrag für uns. Wir dürfen die Frage von Hunger und Armut nicht aus Bequemlichkeit oder Überforderung von der Tagesordnung streichen, wenn wir als Christinnen und Christen in der Nachfolge stehen wollen. Da bist du mir Vorbild, Elisabeth. Schön, dass du sagst: »Das freut mich!« Ich verstehe gut, dass dir das viel lieber ist, als eine Heilige in einem Goldschrein zu sein. Das passt auch wirklich nicht zu deinem Leben.

Doch in Bezug auf diese Selbstzerstörung, da habe ich großes Mitleid mit dir und Zorn auf deine Ratgeber. So respektiere ich dich als Mutter im Glauben, aber als Heilige verehren kann ich dich nicht. Da sagt mir eher das Gottvertrauen zu, das der Psalmbeter ausdrückt: »Die Hungrigen füllt er mit Gütern...« Ich werde im Wissen um mein eigenes Versagen das mir Mögliche tun, dass Menschen erfahren dürfen, wie dieses Psalmwort Wirklichkeit werden kann. Für mich hat es aber gerade auch mit meinem Glauben zu tun, dass ich nicht verzweifle, wenn ich die Grenzen des Machbaren sehe, Scheitern erfahre. Da sind wir uns wohl wieder ganz einig, oder?

Anregung

Nächstenliebe ist Teil christlichen Lebens. Nicht jede von uns ist eine Heilige Elisabeth, nicht jeder kann das gesamte Leben den Armen widmen. Auch unsere Weltverantwortung für Familie und Beruf will gewahrt sein. Aber ein Projekt gezielt unterstützen, mich an einer Stelle ganz konkret engagieren, das ist wichtig für die eigene Lebenshaltung. Das kann die Obdachlosenzeitung in meiner Stadt sein, der wöchentliche Besuch bei der kranken alten Nachbarin, das Engagement für Kinder aus der Gegend um Tschernobyl, die Kindertafel am Ort. Schauen Sie sich um, was vor Ort gebraucht wird oder in Ihrem Bereich an Initiativen bereits besteht. »Ubi caritas ibi deus est«, so drückt es ein Taizé-Lied aus: Wo Liebe und Barmherzigkeit geübt werden, da ist Gott. Auch karitatives Handeln hat eine spirituelle Dimension.

Kloster und Welt –
Ein Gespräch mit Martin Luther

Im Mittelalter galten Menschen, die ins Kloster gingen, als die vor Gottes Augen besseren. Schon allein dadurch, dass sie ihr Leben ganz Gott widmeten, aber auch durch Entsagung der Ehe schienen sie ein gottgefälligeres Leben zu führen. Martin Luther (1483–1546) hat dagegen schließlich rebelliert und gesagt, dass nichts, was wir tun oder leisten, unser Leben vor Gott anerkennenswerter macht, sondern dass wir angesehene Menschen sind allein dadurch, weil Gott uns zuallererst ansieht. Und doch hat das Klosterleben auch heute eine besondere Faszination, erscheint es auch im 21. Jahrhundert als Möglichkeit, sich ganz auf die wichtigen Fragen im Leben zu konzentrieren, während im Alltag der Welt viele Menschen sich selbst verlieren. So ist Martin Luther der wohl am besten geeignete Gesprächspartner zur Spannung zwischen Kloster und Welt.

Was würdest du wohl sagen, lieber Martin Luther, wenn du erleben könntest, dass Mensch heute wieder das

Kloster suchen? Du hast ja die Türen aufgestoßen und das Kloster ganz bewusst verlassen. »Moment«, rufst du, »da versteht ihr mich falsch. Ich habe immer gesagt, Klosterleben sei als Leistung, als ›besseres‹ Leben abzulehnen. Viele gingen ja eher aus Angst ins Kloster, meinten, allein durch die Tatsache, im Kloster zu leben, seien sie der Gnade Gottes sicher. Die Gesetzlichkeit, die hinter einem derartigen Konzept steht, halte ich für falsch. Aber sich selbst binden in Freiheit, das ist etwas ganz anderes. Das habe ich schon 1515/16 in der Vorlesung über den Römerbrief gesagt, ganz früh auf meinem Weg also.«

Stimmt, das verstehe ich heute noch, wenn ich bei dir nachlese: »Obwohl die Freiheit von all diesen Dingen eine vollkommene ist, so darf sich doch jedermann aus Liebe zu Gott durch ein Gelübde zu diesem oder jenem verpflichten. Und somit ist er nicht mehr durch das neue Gesetz daran gebunden, sondern durch das Gelübde, das er sich aus Liebe zu Gott selbst auferlegt hat. ... Vorausgesetzt ist dabei allerdings, dass es aus Liebe geschah und in dem Glauben, dass er glaubt, er tue es, nicht weil es heilsnotwendig ist, sondern aus freiem Willen und aus dem Gefühl der Freiheit heraus.«[23]

Könnten wir eigentlich sagen, du hast deine ganze Reformation an einer Frage der Spiritualität begonnen? Es ging ja letzten Endes um Buße. Und die Erfahrung von Beichte und Sündenvergebung ist doch für viele

Menschen durchaus ein spirituelles Erlebnis. Zu erfahren, dass meine Schuld vergeben ist, das kann ungeheuer befreiend wirken. Das erlebe ich auch heute noch.

»Sicher«, sagst du, »darum ging es. Mich hat zornig gemacht, wie die Kirche Heilsgewissheit im wahrsten Sinne des Wortes verkauft hat. Aus lauter Furcht vor Strafe ließen die Leute sich von Tetzel und anderen Ablasspredigern Geld aus der Tasche ziehen, um sich oder sogar Verstorbene vor der Hölle zu bewahren. Das war ein Handel mit der Angst der Menschen, die nicht im Kloster und nicht zölibatär lebten. Damit fing alles an, auch mein Aufbegehren gegen das Kloster. Nicht die Kirche vergibt Sünden, sondern Gott. Und Gott tut das nicht, weil wir einen Ablassbrief kaufen oder dies und das tun, sondern aus freier Gnade, Gott sagt Ja zu uns, bevor wir irgendetwas tun.«

Aber du warst doch nun selbst jahrelang im Kloster, du hattest Gott versprochen, ein Mönch zu werden, wenn er dich aus dem Gewitter rettet. Warum nur hast du im Kloster nicht deinen Seelenfrieden gefunden? »Ach«, höre ich dich seufzen, »da war nichts mit Seelenfrieden. Ich konnte nicht schlafen, habe mich nachts hin und her gewälzt, weil ich immer dachte: Niemals kannst du so leben, dass du alles erfüllst, was Gott von dir fordert. Ich bin nicht gut genug, ich schaffe das alles nicht. Und dann wurde mir plötzlich dort im Kloster klar: Kein Mensch kann das! Aber Gott ist trotzdem kein Tyrann, sondern Gott liebt mich, das hat uns Jesus Christus gezeigt. Nichts, was ich tue oder leiste, bringt mich Gott näher, sondern Gott kommt mir nahe, streckt mir jeden Tag neu die Hand aus und vergibt mir. Das wurde später theologisch als Rechtfertigung allein aus Gnade bezeichnet.«

Dann ist deine Spiritualität natürlich auch eine Kritik daran, dass manche meinen, Gott näher zu kommen, wenn sie nur viel beten, meditieren, schweigen oder eben auch ins Kloster gehen, stimmt's? »Einerseits stimmt das schon«, antwortest du. »Vor allem wenn Menschen meinen, sie würden eine Art innere Reinheit erlangen und sich selbst dadurch sündenfrei machen. Ich habe mich da immer auf Christus berufen, der sich ja nun gerade den Sündern zugewandt hat. Aber andererseits habe ich auf Spiritualität immer Wert gelegt. Nur muss Christus in der Mitte stehen. Ich bin zeitlebens kritisch gegenüber einer Spiritualität gewesen, die eine Art ›natürlichen‹ Glauben an Gott vertritt, der ohne die Offenbarung Gottes in Jesus Christus auskommt. Und ich habe immer gesagt, dass da auch ein verborgener Gott bleiben wird, den wir nie ganz ergründen, durch keine Meditation, durch kein Schweigen. Der Mensch wird Gott niemals ganz durchdringen.«

Weißt du, dass dich jemand als den ersten neuzeitlichen »Weihnachts-Christen«[24] bezeichnet hat? Ist das eigentlich eine Beleidigung für dich? »Nein«, lachst du, »das ist für mich schon so, im Zentrum steht der liebende Gott, und das wird im Weihnachtsgeschehen so wunderbar erkennbar. Gott kommt aus Liebe in die Welt. Ich habe Gott ja auch einmal als einen ›glühenden Backofen voller Liebe‹ bezeichnet. Es geht gar nicht so sehr um Lehre und Dogmatik, Gott liebt und will von uns geliebt werden. Deshalb ist Spiritualität für mich wichtig, im Glauben erfahre ich Gott. Und das ist in der Tat ein Prozess, es geht nicht um Frommsein, sondern um ein Frommwerden, und dazu braucht es auch Übung.«

Jetzt bleibt aber für mich die Frage: Kann denn dieses Frommwerden, diese Konzentration auf Jesus Christus nicht wirklich besser im Kloster geübt werden als in der Welt? Ja, ich merke schon, die Frage ärgert dich. Ich verstehe, dass du sagst: »Der Gegensatz ist falsch. Ich kann im Kloster und in der Welt an Gott vorbeileben. Ich kann aber im Kloster und in der Welt so leben, dass der Glaube das Zentrum in meinem Leben ausmacht.« Du hast die Spiritualität sozusagen demokratisiert. Wenn ein Mensch sich von Gott geliebt weiß, wird er Jesus Christus im Herzen tragen, sich an ihm orientieren und auch Barmherzigkeit üben. Wer sich Gott anvertraut, ist befreit zum Leben, zur Verantwortung in der Welt oder zum klösterlichen Leben. Dazwischen ist kein Wertunterschied mehr.

Solche Freiheit zu entdecken, lieber Martin Luther,

tut uns auch heute gut, weil viele Menschen sich eingezwängt fühlen, manchmal fliehen wollen, Druck emp-
finden oder ihr Leben als sinnlos wahrnehmen. Diesen
»Backofen voller Liebe« spüren, danach sehnen sich
viele. Ja, ich denke, du kannst uns auch heute viele Anregungen geben, uns auf Jesus Christus selbst einzulassen und von ihm her einen Weg im Leben zu finden.

Anregung

Schaffen Sie sich Ihren ganz persönlichen Rückzugsort.
Sie müssen dazu nicht gleich in ein Kloster gehen – dazu
gibt es allerdings wunderbare Angebote (s. S. 105 f.).
Aber es ist auch gut, in der eigenen Wohnung einen solchen Ort zu haben: Vielleicht ein Meditationsschemel
vor einem Kreuz oder ein besonders schöner Sessel am
Fenster. Einen Ort, an dem Sie Zeit für Ihre Seele haben.
Das kann auch eine Bank im Park sein. Zugänglich muss
dieser Ort sein, damit Sie dort Stille finden für Ihr Gespräch mit Gott. Zeit mit Gott zu verbringen stärkt unsere Seele, gibt uns Kraft und macht uns frei von der Ge-
fangenschaft, in die die Zwänge des Alltags uns so oft
einbinden. Sie gibt uns die Balance im Innern, die wir
brauchen, um das Leben in seiner ganzen Fülle wahrzunehmen.

Lieben und Leiden –
Ein Gespräch mit Maria

In der Spiritualität des römischen Katholizismus und der Orthodoxie spielt Maria, die Mutter Jesu, eine besondere Rolle. Aber auch in den Kirchen des Protestantismus wird sie in den letzten Jahren neu entdeckt. Sie steht für die tiefe Erfahrung von Lieben und Leiden, in der viele Menschen sich ihr anvertrauen. Dass Lieben Teil des Lebens und Teil des Glaubens ist, wird schnell einsichtig. Aber dass unser Leben und unser Glaube auch die Dimension des Leidens kennen, bleibt für viele Menschen eine Erfahrung, die sie zweifeln und manches Mal verzweifeln lässt. Gerade im Erleben von Lieben und von Leiden fühlen allerdings viele Menschen sich Gott besonders nah. Über solches Ringen um Gotteserfahrung wird im Folgenden das Gespräch mit Maria geführt.

Ob du wohl weißt, liebe Maria, wie viele Menschen zu dir beten? Ich habe ja immer Mühe damit, dazu bin ich zu lutherisch. Wir beten lieber zu Jesus Christus direkt, da war Luther sehr eindeutig. Er meinte, wir müssten nicht andere, Heilige, Priester oder auch dich um Fürsprache bitten, sondern können selbst mit Gott sprechen im Gebet. Mich bewegt aber oft, wie du als Bild auf die unterschiedlichste Weise dargestellt in der ganzen Welt gegenwärtig bist. Neben dem Gekreuzigten sind die Darstellungen von dir mit deinem Sohn durch die Jahrhunderte hindurch immer wieder abgebildet worden: Du mit dem Säugling, du unter dem Kreuz und als Mutter mit dem Leichnam des Sohnes. Menschen küssen dein Bild, knien vor dir, rufen zu dir. Allein an zehn Tagen im Jahr wird im Kirchenkalender an dich gedacht!

»Ja«, lächelst du, »wer hätte gedacht, dass ein einfaches Mädchen aus Israel so bekannt werden könnte! Vielleicht sehen die Menschen so viel in mir, weil sie meine Muttergefühle nachvollziehen können. Jesus wirkte oft so abgeklärt, er wird ja manchmal geradezu übermenschlich stark dargestellt. Und das hat mich als Mutter manches Mal ja auch irritiert, wie selbst in der Bibel nachzulesen ist. Vielleicht ist es tatsächlich die Spiritualität des Lebens selbst, die viele mit mir verbinden. Frauen beispielsweise, die ein Kind gebären und diesen ungeheuerlichen Vorgang als ein Wunder Gottes erfahren, machen durchaus eine spirituelle Erfahrung. Diese Liebe zu einem Kind ist ein großes Geheimnis, das bildet sich in den vielen Bildern von Mutter und Kind ab. In ihnen liegt eine große Zärtlichkeit oder auch Zartheit. Du erfährst in Situationen großen Glücks die Gegenwart Gottes, das Göttliche ist dir ganz nahe, du spürst geradezu, welcher Geist weht.«

Aber du hast ja nun auch viel Leiden erfahren. Ich denke, für eine Mutter muss es die grausamste Erfahrung überhaupt sein, das eigene Kind sterben zu sehen. »Aber Leiden«, sagst du bedächtig, »ist ja Teil unseres Lebens! Auch wenn du leidest, kannst du Gott erfahren. Weil du denkst, du kannst das nicht aushalten, aber dir dann eine Kraft geschenkt wird, mit der du über dich selbst hinauswächst. Das habe ich so erfahren und konnte oft nur darüber staunen.«

Das erinnert mich an Dietrich Bonhoeffer, der einmal geschrieben hat, Gott schenke uns solche Kraft nicht im Voraus, damit wir nicht hochmütig werden, aber im entscheidenden Moment finden wir sie. »Genau«, sagst du, »und sosehr wir gegen das Leiden aufbegehren, so gibt es doch kein leidfreies Leben. Wobei ich betone: Gott will nicht, dass wir leiden.«

Danke, Maria, das ist mir wichtig. Denn manchmal graust es mir, wenn Menschen sich selbst kasteien, demütigen, schlagen, verletzen, weil sie meinen, durch Leiden Gott näher zu kommen. Es gab ja sogar theologische Ansätze, die meinten, es sei gut, möglichst viel zu leiden, um Christus ähnlicher zu werden. »Das«, erklärst du entschieden, »kann ich überhaupt nicht verstehen. Jesus hat Licht in die Welt gebracht, das Leben in seiner ganzen Fülle sollen die Menschen doch erfahren. Gott will, dass Leben gelingt.«

Und doch, Maria, bleibt die Grausamkeit des Todes. Weißt du, viele Menschen blenden das heute aus. Die eigene Sterblichkeit wird ignoriert. Mir liegt immer daran, den Tod in das Leben zu integrieren, als Station auf dem Weg zu Gott sozusagen und nicht als Endpunkt. Was ich durch den Tod deines Sohnes verstanden habe, ist, dass eben sein Tod einen Doppelpunkt setzt. Das ist der Dreh- und Angelpunkt des christlichen Glaubens: Auferstehung, Überwindung des Todes. Deshalb beginnen wir den Ostermorgen mit dem Ruf: »Der Herr ist auferstanden. Er ist wahrhaftig auferstanden, Halleluja!« Leider ist manchmal von dieser Auferstehungsfreude nicht so viel abzulesen in den Gesichtern der Christinnen und Christen. Vielleicht hängt das zusammen: Der Tod schreckt so sehr, weil der Auferstehungsglaube so schwach ist.

Die mittelalterliche Mystikerin Margarethe Ebner hat einmal geschrieben:

> *Mir ward auch von der Güte Gottes*
> *ein so sicherer Weg gewiesen in das ewige Leben,*
> *ganz ohne Furcht und Schrecken in den Tod*
> *zu gehen wie in ein Bett:*
> *so große Kraft empfand ich göttlichen Vertrauens*
> *auf die Erbarmung Gottes.*[25]

»Das darf jetzt aber auch nicht zu schnell gehen«, warnst du, Maria. »Der Tod tut weh. Das eigene Sterben kann schwer sein, das Loslassen. Und es ist oft ungeheuer schmerzhaft, einen Menschen sterben zu sehen, den wir sehr lieben, oder mit dem plötzlichen Tod konfrontiert zu sein. Ich denke, es sind auch meine Tränen über den Tod meines Sohnes, die viele Menschen zu mir hinziehen. Sie fühlen sich verstanden, sie vertrauen sich mir an, weil ich selbst erlebt habe, was Leiden bedeutet, Trauer, Unglück, Verzweiflung.«

Du giltst ja auch als Sinnbild von Barmherzigkeit. Wie du dich herabbeugst zu deinem Sohn, dem Säugling wie dem Leichnam. »Die Grundlage dafür«, betonst du, »ist immer die Liebe. Du kannst Gott als Liebe erfahren und in der Liebe Gott. Gott wurde immer wieder die Rolle des strafenden alten Mannes, des Überwachers aller Fehltritte, des Rächers zugeschrieben. Das ist ein Gott, vor dem ich mich fürchten muss, vor dem ich weglaufe. Gott stattdessen zu erfahren als Liebe, als meine Befähigung zum Lieben, kommt dabei zu kurz.«

Ja, die Liebe ist ja auch ein eigenes Thema der Spiritualität. In vielen Texten des Glaubens wird ja das Lieben als Gotteserfahrung dargestellt. Mechthild von Magdeburg etwa, die im 13. Jahrhundert in einer Beginengemeinschaft lebte, nahm geradezu Gottes Liebeserklärungen wahr, die sie aufschrieb:

»Dass ich überaus liebe, das habe ich von Natur, weil ich die Liebe selber bin. Dass ich dich oftmals liebe, hab ich von meiner Sehnsucht, weil ich ersehne, dass man mich herzlich liebt. Dass ich dich lange liebe, kommt von meiner Ewigkeit, weil ich ohne Anfang und ohne Ende bin.«[26]

Und diese Wahrnehmung ist gut biblisch. Im ersten Johannesbrief heißt es: »Gott ist die Liebe; und wer in der Liebe bleibt, der bleibt in Gott und Gott in ihm« (1. Johannes 4,16). Aber wie die Spiritualität wird ja auch unsere Beziehungserfahrung oft unter Nützlichkeitsgesichtspunkten wahrgenommen: Glückserfüllung für mich. Dass es auch um den anderen, um den ganz Anderen geht, ist verloren gegangen. Die Tiefe von Liebe ist Hingabe, und das spüren Menschen an deiner Gestalt, Maria.

»Das mag sein«, sagst du. »Beziehung ist immer ein Prozess von Geben und Nehmen. Wenn das aber nicht in der Erfahrung der Menschen verankert ist, ist es schwer zu verstehen. ›Gott hält mich‹ kann ich nicht begreifen, wenn mich niemand gehalten hat. Und gleichzeitig gibt es eine tiefe Sehnsucht von Menschen nach Beziehung, auch wenn sie keine Erfahrung von gelingender Beziehung haben. Deshalb ist es so wichtig, dass Menschen hören und erfahren: Gott liebt mich.«

Meinst du, Maria, du stehst für die besondere Spiritualität der Frauen? Ich habe immer wieder den Eindruck, Frauen sind offener für die Erfahrungsebene des Glaubens. Männer müssen mehr festhalten, Theologie muss für sie »richtig« sein. Es sind heute allerdings auch einige von ihnen auf der Suche, ich weiß. Aber wenn von »männlicher Spiritualität« die Rede ist, kommt in vielen kirchlichen Kreisen Heiterkeit auf. Das wird nicht ernst genommen. Und wenn ich einen Segen spreche, der Frauen einschließt, fehlt ihnen der Gedanke von Gott als ihrem Herrn. Kennst du ihn?

Der Segen des Gottes von Abraham und Sarah,
der Segen des Sohnes, von Maria geboren,
und der Segen des Heiligen Geistes, der über uns
wacht wie eine Mutter über ihre Kinder,
sei mit euch allen.

Das gefällt dir, das freut mich. Oft denke ich, die Angst vor der feministischen Theologie ist so groß, weil wir uns so öffnen müssen für neue Bilder und Erfahrungen. Wenn Gott auch als Freundin erfahren werden kann, als Mutter, als »die Ewige«, als Henne (steht ja schon in der Bibel: Matthäus 23,37!), dann ändert sich unser Gottesverständnis. Als ich in alten Büchern gelesen habe, bin ich immer wieder auf wunderbare Texte von Frauen gestoßen, denen ich im Studium nie begegnet bin. Ihre Erfahrungen sind so oft verschüttet. Auf diesem Weg sind viele Frauen dir, Maria, neu begegnet, denen du zunächst fremd warst, weil Bilder dich so festzulegen scheinen.

»Ach«, seufzt du, »das liegt sicher an all dem Ballast von ewiger Jungfräulichkeit, obwohl doch in der Bibel immer wieder von meinen anderen Kindern die Rede ist. Ich weiß auch nicht, warum da so viel konstruiert werden musste bis hin zur direkten Aufnahme in den Himmel. Vielleicht solltet ihr das auch gelassener sehen. Der Grund ist, denke ich, dass die Menschen mich in einen Schonraum von Besonderheit, Unantastbarkeit einschließen wollen. Dadurch werde ich für sie eine ganz besondere Person, bei der sie ihre Liebe und ihr Glück, aber auch ihren Schmerz und ihre Trauer abladen dürfen. Dabei ist das Wunder ja: Ich war bis zuletzt eine einfache Frau aus Nazareth.«

Und das empfinde ich auch als Trost und Ermutigung zugleich: Gott sucht sich ganz normale Menschen, um Spuren der kommenden Welt mitten in dieser Welt zu legen. Mitten im Leben, im Lieben, im Leiden können wir Gott erfahren. Es gibt eine Spiritualität des Alltags!

Anregung

Gibt es ein Marienbild, das Sie besonders beeindruckt? Gehen Sie doch einmal auf die Suche! In Kirchen, auf Altären, auch in der säkularen Kunst – immer wieder wird Maria abgebildet, immer neu, immer anders. Was finden Menschen in Maria – das Erleben von Liebe und Leid, von Glück und Unglück? Welche Erfahrungen haben Sie in dieser Hinsicht gemacht? Erfahren Sie Liebe, geben Sie Liebe? Haben Sie Kummer, wie gehen Sie mit Leid um? Das sind Gedanken, die vor einem Bild von Maria ihren ganz eigenen Ort haben können.

107

Bilder und Lebensgeschichten –
Ein Gespräch mit Michelangelo

Farben und Bilder spielen in der Spiritualität eine große Rolle. Manches Bild vermittelt Menschen Glaubensinhalte auf nachhaltige Weise. Beim Vertiefen in ein Kunstwerk oder beim intensiven Betrachten eines Bildes kann sich eine neue Dimension des Gottesverständnisses erschließen. In der Meditation eines Bildes erfahren manche eine tiefere Bedeutung ihres Glaubens. Das Wahrnehmen von Farben, beispielsweise in einem Kirchenfenster, kann unsere Seele berühren. Für viele Menschen ist die Sixtinische Kapelle ein solcher Ort des Staunens und der Glaubenserfahrung. Deshalb erscheint der Maler Michelangelo, der ihre Malereien geschaffen hat, ein idealer Gesprächspartner zum Thema. Er macht deutlich, dass solche Bilder und Farben ja stets geschaffen werden und daher in sich bereits eine Interpretation des Glaubens, Weitergabe eigener religiöser Wahrnehmung und Erfahrung sind. So treffen sich im Bild die Spiritualität des Künstlers oder der Künstlerin wie die der Betrachtenden.

Was würdest du wohl sagen, Michelangelo, wenn du sehen könntest, wie Menschenmassen sich heute durch die Sixtinische Kapelle drängen und an die Decke schauen, um einen Hauch von dem wahrzunehmen, was du geschaffen hast? »Das«, sagst du, »kann ich mir kaum vorstellen. Eigentlich stand die Ausgestaltung dieser Kapelle von Anfang an unter einem schlechten Stern. Vier Schweizer Leibgardisten starben, als ein Eingangsbogen einstürzte, beim Einsturz eines Nebengerüstes wurden zwei meiner Gehilfen getötet und dann auch noch vier Passanten, als beim Zumauern von zwei Fenstern Steine herabfielen. Ich dachte damals: Da liegt kein Segen drauf!«

Aber doch, diese Bilder, diese Farben, das sind für viele Menschen auch heute im 21. Jahrhundert Inspirationen für den Glauben. Meinst du nicht auch, dass Farben, Bilder, ja Kunst insgesamt immer wieder vom Glauben inspiriert sind und aufs Neue Glauben inspirieren? »Mich freut es, wenn meine Bilder inspirieren«, erklärst du. »Aber ich war gar nicht immer selbst so glaubensstark, ich habe oft mit dem Glauben gerungen. Meine Mutter ist früh gestorben, da war ich sechs Jahre alt – ich habe sie immer vermisst. Als ich mich 1505 in Rom niedergelassen habe, war ich rastlos. Der Papst hat mich ein Jahr später mit der Deckenbemalung beauftragt, aber die Schimmelbildung auf Teilen meiner Malerei, die unregelmäßigen Lohnzahlungen, viele Probleme in meiner Familie haben mich ziemlich mürbe gemacht. Dann hat der Papst auch noch an einem Kreuzzug teilgenommen, und es gab überhaupt kein Geld mehr. Zu dem Zeitpunkt war ich mit der Malerei verzweifelt und zornig auf die Kirche.«

Aber ich dachte immer, dein Glaube hat sich auch in deiner Malerei niedergeschlagen. »Na ja«, höre ich dich seufzen, »Papst Clemens VII. wollte mir vergeben, dass ich im Krieg gegen die Medici Kriegsbauminister war, wenn ich die Arbeit an der Sixtinischen Kapelle fortsetze. Und da dachte ich, das sei doch ein ›guter Deal‹ sozusagen. Das war schon eher eine pragmatische Entscheidung. Aber dann kamen schwere Schicksalsschläge: Der Tod meines Vaters und auch der Tod eines meiner Mitarbeiter nach 30 Jahren Zusammenarbeit. Das hat mich beeinflusst und geprägt. Ich habe danach manches ganz neu übermalt und energisch die Sixtinische Kapelle fertiggestellt. Darin ist sicher etwas von meinem inneren Ringen zu erkennen. Aber manchen hat das ja auch nicht gefallen, und sie haben bald nach meinem Tod 1564 angefangen, Tücher über die Nacktheit einiger Figuren zu malen – das kommentiere ich lieber nicht!«

Ich kann nachvollziehen, dass ein Künstler darüber empört ist. Das geht mir ja schon so, wenn meine Texte von anderen verändert werden. Wenn ich dich so höre, denke ich daran, dass Schuld und Vergebung, Leiden und Trauer, die Frage nach Gut und Böse tiefe Bewegungen in Menschen verursachen. Unser Glaube verändert sich ja auch immer wieder mit unserer Lebenserfahrung. Manche wenden sich in so existenziellen Situationen ganz von Gott ab, weil sie sich verlassen fühlen, andere erleben dadurch gerade in der Tiefe Gottes Gegenwart, und ihr Glaube wird reifer. Würdest du denn sagen, Michelangelo, dass diese Erfahrungen deinen Glauben eher gestärkt haben und deine Bilder daher auch Glauben vermitteln?

»Aber ja!«, reagierst du gleich. »Viele Menschen in meiner Zeit konnten ja nicht lesen. Meine Bilder haben die biblische Geschichte für sie erzählt ebenso wie die Altarbilder in den Kirchen. Wer erzählt, interpretiert aber auch, das weißt du als Theologin ja nur zu gut. Ich habe versucht, die Schönheit, die Kreativität und die Größe Gottes in sichtbare Bilder umzusetzen. Wer diese Bilder sieht, sollte sich inspirieren lassen im Glauben, wahrnehmen durch das Betrachten, wie wunderbar Gott ist.«

Dieser ausgestreckte Finger Gottes zu Adam, der bewegt die Menschen, die in der Sixtinischen Kapelle deine Malerei bestaunen, wohl am tiefsten. Gott wendet sich dem Menschen zu, Gott ist ein Beziehungswesen, Gott will berühren und wird berührt. So wird der Mensch zum Ebenbild Gottes – da wird Malerei in der Tat zur Theologie, zur Interpretation der Bibel.

Wie du, Michelangelo, Kunst wohl heute wahrnehmen könntest? Die Kunst hat lange Jahre heftig gegen Kirche und Glauben aufbegehrt, wollte sich nicht länger fesseln lassen. Und doch gibt es überall in der Kunst auch heute religiöse Anklänge, religiöse Symbole. Manchmal wird auch versucht, durch Provokation des Glaubens Aufmerksamkeit zu erregen.

»Nun«, sagst du, »Kunst hat es immer mit den Grundlagen der Existenz zu tun. Kunst ist nie freischwebend, sie reflektiert ja immer den Künstler oder die Künstlerin und ihre Zeit. Fragen wie Geburt und Werden, Sinn und Sein, Kampf und Kontemplation, Tod und Auferstehung sind existenzielle Fragen und daher immer auch Gegenstand der Kunst. Deshalb hat künstlerische Gestaltung oft eine religiöse Dimension.«

Welchen Ort haben Farben und Bilder in der Spiritualität, frage ich mich. Es heißt ja in der Bibel, wir sollten uns von Gott kein Bildnis machen. Aber die Kunst bildet oft Gott ab, du ja auch. »Der Mensch«, erklärst du, »braucht Bilder, um die eigene Vorstellungskraft umzusetzen. Gott ist mehr, als ein Bild aussagen kann, Gott lässt sich nicht festlegen auf ein Bild. Aber Gott drängt zur Verbildlichung. Die eigene Lebensgeschichte prägt manches Mal das Gottesbild. Der strafende Vater, die liebende Mutter – wir stellen uns Gott in Bildern vor, die unserer Lebenserfahrung entsprechen.«

Aber ist das nicht zu eng? Müssen wir Gott nicht

davor schützen, auf solche Bilder festgelegt zu werden? Ein Theologe sagt: »Im Bilderverbot wird für die Lebendigkeit des Lebens gestritten.«[27] »Ja«, gestehst du zu, »Bilder dürfen Gott nicht festlegen. Aber Menschen brauchen auch Bilder, um ihr Verstehen und ihre Annäherung an Gott begreifbar werden zu lassen. Gott darf nicht nur diffus bleiben. Jesus ist zum Beispiel die Person, in der Gott konkret wird. Und die Erfahrung Gottes, die lässt sich manchmal nur in Bildern oder schlicht in Farben darstellen. Warmes, sanftes Gelb für das Licht, das Gott in mein Leben bringt, oder tiefes, dunkles Rot für die Liebe, die Gott ist.«

Das kann ich gut nachvollziehen. Es gibt Maler, die gestalten allein durch Farbe, ohne Figuren. Ganz wunderbare, bewegende Bilder können das sein. Und in solchen Farben lässt sich auch für künstlerische Laien gut ausdrücken, was uns bewegt. Heute ist übrigens vor allem abstrakte Malerei angesagt oder gar Kunst, die nichts vermitteln will, sondern erst im Auge des sie betrachtenden Menschen ein je eigenes Verständnis erzielen soll.

»Ach«, höre ich dich seufzen, »das verstehe ich kaum. Aber ich habe auch in einer anderen Zeit gelebt. Ich wollte immer übersetzen, etwas klären, Inhalte verstehbar machen und auch durchaus Gottes Größe darstellen. Neue Fragen aufwerfen, das wollte ich eigentlich nicht.«

Darf ich dir eine letzte Frage stellen? Was hältst du von Bildmeditationen? Das ist nämlich gerade im Bereich der Spiritualität ein sehr wichtiges Element geworden.

»Nun«, sagst du, »das kann sicher auch ein Zugang zu Gott sein. Ich kann mir vorstellen, dass wir uns bei der Meditation eines Bildes wirklich in Gott vertiefen. Aber wir müssen schon wissen, in welchen Gott, wo die Quelle ist, die Geschichte. Und die finden wir in der Bibel. Wenn du dir meine Bilder anschaust, wirst du jedenfalls immer den biblischen Bezug erkennen. Aber die Lebensgeschichte eines Malers oder einer Malerin spiegeln sich darin natürlich ebenso wie die Lebensgeschichte des Betrachters oder der Betrachterin. Deshalb kann ich Bilder als spirituelle Inspiration sehen, wenn ich sie in Verbindung bringe mit der biblischen Geschichte, mit der Haltung des Malers oder der Malerin und auch mit der eigenen Lebensgeschichte.«

Anregung

Nehmen Sie sich Zeit für einen Besuch im Museum. Immer wieder spielt Religion eine Rolle. Wo erkennen Sie christliche Motive? Sind sie verfremdet, gar als Provokation gemeint? Wo findet sich eine Darstellung biblischer Inhalte?

Ich finde es immer anstrengend, ein ganzes Museum wahrzunehmen zu versuchen. Aber nach einem biblischen Motiv beispielsweise zu suchen, das kann spannend sein. Etwa der Frage nachzugehen: Wo taucht das Kreuz auf in der Kunst? Oft können wir am Bild selbst erkennen, wie Künstler oder Künstlerin biblische Motive interpretieren, in Farben und Formen ausdrücken, was sie hier verstehen und wahrnehmen. Manches Bild hat mich schon tief berührt, manches auch irritiert. Immer wieder sind Farben und Formen spirituelle Erlebnisse, Erfahrungen, die uns bewegen, anrühren, nachdenklich machen, erfreuen.

Ein besonderer Zugang sind die Altarbilder in unseren Kirchen, manche sind heute auch in Museen zu finden. Wie verschieden haben Künstlerinnen und Künstler die biblischen Geschichten umgesetzt! Wie viel von ihrem Verständnis des Glaubens können wir herauslesen, wie sehr kann uns das berühren und ins Nachdenken über unser Verstehen bringen.

Glaube und Weltverantwortung – Ein Gespräch mit Elisabeth von Calenberg

Immer wieder gibt es Forderungen, die Kirche solle sich um das »Eigentliche«, gemeint ist der Glaube, kümmern und sich aus Fragen der Welt, politischen Fragen gar, heraushalten. Aber die Glaubenden leben stets mitten in der Welt, sie sollen und können sich ja gar nicht aus ihr herauslösen. Gerade auch wer öffentliche Verantwortung trägt, sollte im Glauben Verortung und Orientierung finden. Und wer glaubt, den kann die Welt nicht unberührt lassen, er oder sie wird sich einsetzen wollen für die Weitergabe des Glaubens und für die Welt zugleich. Glaube entlässt nicht aus der Weltverantwortung, und Spiritualität ist kein Fluchtweg aus der Welt. Elisabeth von Calenberg (1510–1558) hat vor fast fünfhundert Jahren versucht, in politischer Verantwortung für Glaube und Klöster Sorge zu tragen.

Mit dir würde ich mich gern unterhalten, Elisabeth. Was warst du nur für eine starke und weitsichtige Frau! Tauschen möchte ich allerdings nicht mit dir, mit 15 Jahren verheiratet zu werden mit einem vierzig Jahre älteren Mann, dem Herzog Erich I. Aber renitent warst du schon, dass du die Reformation durchgesetzt hast im Bereich Calenberg-Göttingen.

»Ach«, erwiderst du, »mit Erich habe ich mich arrangiert, er war auf der Erichsburg oder der Feste Calenberg, ich war meistens in Münden. Aber eine Mätresse hatte er, das hat mich wirklich zornig gemacht. Ich habe Erich aufgefordert, diese Anna Rumschottel als Hexe verbrennen zu lassen.«

Na, so sehr christlich war das aber wohl nicht, oder? Ich bin erleichtert, wenn du mir da Recht gibst. Erich hat Anna ja entkommen lassen, und die Geburt eures Sohnes hat doch wohl auch den ehelichen Frieden zurückkehren lassen. Wie aber kam es, dass du evangelisch wurdest?

»Das begann bereits mit meiner Mutter«, erzählst du. »Sie hat sich zu Luther bekannt, schon ganz früh, 1527, obwohl mein Vater alles tat, um sie daran zu hindern. Ich muss sagen, mich hat diese reformatorische Begegnung gleich damals begeistert, weil da ein ganz neuer Geist der Freiheit wehte. 1534 habe ich meine Mutter besucht und bin da tatsächlich Martin Luther selbst begegnet. Wir haben danach miteinander korrespondiert. Ich habe ihm immer einmal Käse und Wein geschickt und er mir eines Tages eine deutsche Bibelübersetzung mit persönlicher Widmung! Zum Glück hat Erich das alles toleriert, auch wenn er katholisch blieb. Ich habe dann aber allen Mut zusammengenommen und mir 1538 den Laienkelch reichen lassen.«

Das war ja nicht nur eine religiöse Angelegenheit, sondern auch eine politische, stimmt's? »Nach meiner Erfahrung«, sagst du, »lassen sich Glaube und Politik nicht immer fein säuberlich trennen. Nach Erichs Tod musste ich ziemlich kämpfen, um die Vormundschaft für meinen Sohn zu bekommen. Die Jahre in politischer Verantwortung habe ich dann genutzt, um die Reformation durchzusetzen. Ich habe Antonius Corvinus geholt. Er und auch andere Männer, die Luther mir empfohlen hatte, haben mir geholfen.«

Das Wichtigste, weswegen wir dich so hoch schätzen in Niedersachsen, ist aber, dass du die Klöster über die Reformation hinweg gerettet hast. Fünfzehn Damenstifte und Frauenklöster gibt es in meiner Landeskirche bis heute, dazu drei Männerklöster. Die staatliche Klosterkammer, die sie verwaltet, hat dank deiner weisen Voraussicht bis heute genug Geld, um diese Orte geistlichen Lebens zu erhalten. Du hast schließlich 1542 bestimmt, dass all das Kirchengut, das durch die Reformation an den Landesherrn übergegangen war, ausschließlich für kirchliche, schulische und mildtätige

Zwecke gesondert zu verwalten sei. Dadurch kann auch heute noch auf großartige Weise geistliches Leben gestärkt werden, etwa durch Unterstützung von Projekten wie der Jugendkirche in Hannover oder der Langen Nacht der offenen Kirchen, oder eben in den Klöstern selbst. Viele haben Angebote zur Einkehr. Menschen können dort Stille neu lernen, spirituelle Erfahrungen machen, sie werden begleitet auf ihrem spirituellen Weg oder lernen das Schweigen neu.

»Weißt du«, lächelst du, »das ist mir ein richtiger Trost. Ich bin ja doch ziemlich verbittert gestorben, weil mein Sohn Erich sich wieder zum Katholizismus hinwandte, sogar Corvinus verhaften ließ und dann auch noch meine jüngste Tochter Katherine in meiner Abwesenheit mit dem katholischen Oberburggrafen Wilhelm von Rosenberg verheiratete. Aber dass diese Klöster erhalten blieben, dass heute Frauen dort in Gemeinschaft miteinander leben, dass in einigen von ihnen ganz neu geistliches Leben wächst, das freut mich zutiefst. So kann doch offensichtlich auch geschickte Politik Freiheit für Spiritualität eröffnen. Im Übrigen hat mir mein Glaube immer wieder Kraft gegeben, meinen Weg zu finden in den Wirren der Zeit.«

Du hast ja auch einiges geschrieben an geistlichen Texten, das ist ungewöhnlich für eine Frau deiner Zeit. »Papperlapapp«, fährst du mir ins Wort, »gar nicht ungewöhnlich, nur wurde nicht viel davon aufbewahrt.

Das erschien ja alles den hohen Herren nicht relevant genug.«

Da hast du Recht, vieles ist verlorengegangen, was Frauen zu deiner Zeit geschrieben haben. Aber immerhin: Dein Witwentrostbüchlein ist bis heute bekannt, und deine Ratschläge an deine Tochter Anna Maria vor ihrer Heirat mit Herzog Albrecht sind bis heute als Ehestandsbuch erhalten. Und auch als Liederdichterin bist du bekannt. Ich denke, wenn wir demnächst deinen 500. Geburtstag feiern oder zwei Jahre zuvor das 450. Jubiläum deines Todestages begehen, wird manches noch einmal neu entdeckt werden. Gerade die Lieder finde ich spannend.

»Ja, die Lieder«, erinnerst du dich. »Vielleicht hat mich das an der Reformation am meisten bewegt, wie dieses Singen die Bibel umsetzte, wie wir über die Lieder die neue Freiheit ausdrücken konnten, wie sie uns mutig gemacht haben. Ich habe ja gehört, dass ihr das nicht mehr so gern singt, aber ›Ein feste Burg‹, das war für uns so ein richtiges reformatorisches Kampflied, da war Luther sprachlich einfach nicht zu übertreffen. Allein die dritte Strophe hat Mut gemacht gegenüber all den Angriffen:

Und wenn die Welt voll Teufel wär
und wollt uns gar verschlingen,
so fürchten wir uns nicht so sehr,
es soll uns doch gelingen.
Der Fürst dieser Welt, wie sau'r er sich stellt,
tut er uns doch nicht; das macht, er ist gericht':
Ein Wörtlein kann ihn fällen. (EG 362, 3)

Aber sag, Elisabeth, hast du all dein Engagement denn später bereut, als du so ganz allein und verlassen warst am Ende deines Lebens und auch gesehen hast, wie scheinbar alles, was du erreicht hattest, von deinem Sohn preisgegeben wurde?

»Nein«, beharrst du. »Es war schwer, das zu sehen, vor allem wegen meiner Kinder war ich sehr, sehr traurig. Aber ich hatte gelernt, dass Gott mir beisteht, was immer geschieht. Und selbst wenn alle deine Lebensleistungen vor deinen Augen zerfallen, dann macht dein Leben dennoch Sinn. Gott stellt dich an einen bestimmten geschichtlichen Ort. Und da musst du dann in aller Freiheit Verantwortung übernehmen, davor kannst du dich nicht drücken. Meine Verantwortung war, die Reformation einzuführen und dennoch Raum und Möglichkeit zu lassen für klösterliches Leben. Das ist gelungen und dafür bin ich dankbar.«

Und wir, liebe Elisabeth, sind dankbar, dass wir diese wunderbaren Klöster haben. Es ist nicht immer einfach für sie, im 21. Jahrhundert ihre richtige Form, ihren angemessenen Ort zu finden. Aber das Interesse an ihnen wächst auf ganz neue Weise. In den vergangenen Jahren finden auch jüngere Frauen wieder Interesse daran, in einer evangelischen Gemeinschaft im Kloster zu leben, und viele Angebote werden von Außenstehenden auf Zeit gerne wahrgenommen. Danke, Elisabeth, für den Erhalt dieser Klöster. Sie sind für uns wirklich eine Chance, Spiritualität ganz neu zu entwickeln und zu erleben.

Anregung

Lernen Sie die Klöster und Stifte kennen, die Elisabeth bewahrt hat. Dort werden heute viele hervorragende Kulturangebote gemacht. Mit Führungen, Konzerten, Vorträgen, Vorlesungen und Sonderausstellungen wird auf die großen Schätze hingewiesen. So zum Beispiel auf die wertvollen Bildteppiche aus dem 14./15. Jahrhundert im Kloster Wienhausen. Oder auf die Kopie der aus dem 13. Jahrhundert stammenden Weltkarte im Kloster Ebstorf. Im Kloster Marienwerder werden Paramente hergestellt. In Mariensee kann traditionelle klösterliche Sticktechnik erlernt werden.

Ein großes Anliegen der Konvente der Klöster und Stifte

liegt vor allem im spirituell geistlichen Bereich. Ein breites Angebotsspektrum findet sich hier. Klöster und Stifte wollen Orte für Besinnung und Glaubensvergewisserung sein für suchende Menschen. Gerade die Klöster Wülfinghausen, Barsinghausen, Bursfelde, Mariensee, Marienwerder und Wennigsen bieten ein vielfältiges Programm. Dazu gehören Angebote wie »Kloster auf Zeit«, Einkehr-, Stille- und Oasentage. Das Kloster Barsinghausen hat als spezielles Angebot »Töpfern im Schweigen«. Das Kloster Medingen veranstaltet dreimal jährlich Fastenwochenenden. Mehrere Klöster bieten »meditativen Tanz« an. Das Kloster Mariensee lädt zu Heilkräutertagen ein. Die Klöster der Lüneburger Heide zu einem besonderen Pilgern. Das Bibelzentrum des Klosters Marienwerder bietet ein lebendiges und anschauliches geistliches Bildungsangebot. Bursfelde ist zu einem geistlichen Zentrum mit evangelischem Einkehr- und Tagungshaus geworden. Entdecken und Einüben geistlichen Lebens in der Gruppe, bei Seminaren und in Gottesdiensten wird ganz groß geschrieben.

Darüber hinaus engagieren sich verschiedene Klöster ganz besonders im Bereich der Sozialarbeit, einer alten klösterlichen Tradition. So existiert in Marienwerder ein Alten- und Pflegeheim, im Kloster Medingen hat der Freundeskreis Hospiz Bevensen e. V. seine Heimat gefunden.

Seele und Seelsorge –
Ein Gespräch mit Schwester Susanne

Ich bin überzeugt, es gibt auch eine Art »Spiritualität des Sterbens«. Dorothee Sölle sprach in ihrem letzten Buch gar von einer »Mystik des Todes«. Sie verstarb über dem Manuskript. Auch wenn dieser Text somit unvollendet blieb, atmet er etwas von der Sinnlichkeit des Glaubens, vom Eindringen in die Tiefe religiöser Erfahrung bei der Auseinandersetzung mit der eigenen Sterblichkeit.

Wann immer ich Sterbende begleitet oder besucht habe, waren das für mich tiefe Glaubenserfahrungen. Allzu oft weichen Menschen gerade dieser Erfahrung aus, obwohl sie doch für uns alle Realität werden wird. Im Hospiz wird dies regelmäßig erlebt, eine tiefe Glaubenserfahrung mitten im Leiden. Auch Menschen im ambulanten Hospizdienst können darüber berichten. Schwester Susanne steht als Gesprächspartnerin fiktiv für mehrere Menschen, mit denen ich über ihre Beobachtungen in der Hospizarbeit gesprochen habe.

Ich bewundere, dass du das aushältst, täglich mit Sterbenden umzugehen im Hospiz, den Tod ständig vor Augen zu haben. Belastet und deprimiert dich das nicht manchmal auch?

»Nun«, sagst du lächelnd, »jeder Mensch hat andere Gaben. Ich habe mich immer gescheut, in einer größeren Öffentlichkeit zu reden, das kann ich nicht. Aber einem sterbenden Menschen die Hand halten, mit ihm reden, die Lippen befeuchten, ein Gebet sprechen, das kann ich gut. Für mich ist das keine Belastung, sondern eine wunderbare Berufung. Wir helfen Menschen hier im Hospiz, den letzten Weg in Würde zu gehen.«

Aber es kommen zu euch doch nur noch die hoffnungslosen Fälle. Wer sich ins Hospiz begibt, ist definitiv auf dem Weg Richtung Tod.

Du erwiderst: »Ja, aber der Tod ist kein hoffnungsloser Fall, so hat das Heinz Zahrnt einmal schön formuliert.[28] Und genau das erleben wir hier immer wieder. Im Tod kann so viel Leben sein, wenn wir den Tod nicht verdrängen, sondern bewusst hineinnehmen ins Leben. Ich spüre so tiefe Liebe und Kraft, etwa wenn wir unseren Sommergottesdienst hier feiern. Da kommen Freunde und Verwandte der Sterbenden, und wir singen miteinander. Es kommen Angehörige von Menschen, die hier verstorben sind, und Menschen, die hier arbeiten oder sich ehrenamtlich engagieren. Da ist kein Abwehren, sondern ein Miteinander der Hoffnung, dass wir uns gegenseitig nicht alleinlassen, aber eben auch von Gott nicht alleingelassen werden im Sterben.«

Würdest du sagen, es gibt so etwas wie eine »Mystik des Todes«, von der Dorothee Sölle gesprochen hat? In ihren letzten Lebenstagen hat sie geradezu mit dem Tod argumentiert, ohne zu ahnen, wie nahe er ihr gekommen war. Sie schrieb: »Dear Mr. Death, sehr geehrter Herr Tod, … Manchmal vermute ich, dass Liebe – falls wir wissen, was wir mit diesem Wort sagen – das Einzige ist, wovor Sie Respekt haben.«[29] Später erläutert sie, dass Gott ja selbst unseren Trost, unsere Wärme brauche und wir es brauchen, gebraucht zu werden. Sie zitiert Heinrich Böll, der einmal gesagt habe, am Karfreitag sei es an der Zeit, Gott zu trösten. Und weiter schreibt sie: »... dass Gott erlöst werden will, dass also selbst ein Konzept wie das der Erlösung ethisch und theologisch im Rahmen der Gegenseitigkeit gedacht werden muss, das sind Entwürfe feministischer Theologie, die notwendig immer weiter in eine neue Art von Mystik hineingehen.«[30] Existiert also eine Art Spiritualität des Sterbens?

»Ja, davon bin ich überzeugt«, erklärt Schwester Susanne. »Früher wurde ja von einer ars moriendi, der Kunst des Sterbens gesprochen. Ich bin mir sicher, nur wenn wir diese ars moriendi neu lernen, können wir auch die ars vivendi, also die Kunst des Lebens in aller Tiefe wahrnehmen. Das Bewusstsein der eigenen Endlichkeit macht Menschen nachdenklicher, vielleicht auch demütiger und gleichzeitig lebensfroher.«

Vor Jahren habe ich im Kino den Film »21 Gramm« gesehen. Es geht um Leben und Sterben. Menschen ringen mit Verlust und Schuld. Der Titel stammt daher, dass ein Forscher herausgefunden zu haben meinte, Menschen würden im Augenblick ihres Todes 21 Gramm an Gewicht verlieren. Das, sagte er, sei die Seele. Aus deiner Erfahrung, Susanne: Meinst du, die Seele existiert? Viele Menschen fragen sich ja, was von ihnen bleibt.

»Meine Erfahrung«, erwiderst du, »ist, dass die Seele wahrnehmbar ist. Ein Verstorbener ist nicht gleich weg. Da bleibt zunächst etwas im Raum. Wir lassen im Flur immer eine Kerze brennen, solange der oder die Tote bei uns aufgebahrt ist. Das ist ein sehr schönes Ritual, finde ich. Gerne würde ich Menschen ermutigen, ihre Angehörigen zu Hause sterben zu lassen und sie nach dem Tod nicht so schnell wie möglich aus dem Haus zu schaffen, sondern sich Zeit zu nehmen für diesen Abschied. Ja, vielleicht könnten wir es den Abschied der Seele nennen. Rein rechtlich gesehen können wir die Toten mindestens 36 Stunden bei uns behalten, bevor der Bestatter kommt. Übrigens gibt es auch ambulante Hospizdienste, die Menschen zu Hause begleiten. Und es gibt dann eine schöne Liturgie des Abschiedes vor dem Einsargen. Das alles bewusst zu tun ist auch Seelsorge, weil es den Lebenden guttut, bewusst Abschied zu nehmen.«

Ich denke ja, die Seele ist das Unverwechselbare, das Eigene jedes Menschen. Beim Propheten Jesaja heißt es: »Ich habe dich bei deinem Namen gerufen, du bist mein.« (Jesaja 43,1) Das zitieren wir, wenn wir taufen, und es bedeutet doch, dass Gott jeden Menschen beim Namen kennt. Auch nach dem Tod verlieren wir diese ganz eigene Identität nicht. Dieser Glaube unterscheidet uns von anderen Religionen, in denen es darum geht, sich aufzulösen in ein großes Ganzes wie ein Wassertropfen im Meer.

»Doch«, bestätigst du, »da gehe ich mit dir. Denn ich erlebe, dass auch jeder Mensch verschieden und individuell stirbt. Es gibt Menschen, die quälen sich. Weniger wegen der Schmerzen, die können wir mit Hilfe der Palliativmedizin heute auf ein Minimum reduzieren. Aber weil sie nicht loslassen können. Sie bäumen sich im wahrsten Sinne des Wortes auf. Manche durchleben auch noch einmal schlimme Zeiten, Kriegserfahrungen etwa. Andere schlummern ganz sanft hinüber von dieser Welt in Gottes Zukunft. Und wieder andere scheinen ganz bewusst geradezu zu beschließen: Jetzt ist es so weit. Ich habe eine Frau erlebt, die hatte alles geregelt, das Testament, das Begräbnis, dann wollte sie die Tochter noch einmal sehen, und als die ging, hat die alte Dame gesagt: Gut, das war's, hat die Augen geschlossen und starb.«

Da geht mir durch den Sinn, was der Apostel Paulus schreibt: Keiner lebt sich selber und keiner stirbt sich selber. »Leben wir, so leben wir dem Herrn, sterben wir, so sterben wir dem Herrn. Ob wir nun leben oder sterben, sind wir des Herrn.« (Römer 14,8) Das heißt doch, wir sind im Leben wie im Sterben von Gott gehalten, wir bleiben auch durch den Tod hindurch in Gottes Segenskreis.

»So sehe ich das auch«, bestätigst du. »Und deshalb ist die Begleitung eines sterbenden Menschen durchaus eine spirituelle Erfahrung. Weil du, wenn du da sitzt und die Hand eines Sterbenden hältst, in aller Tiefe und Ruhe über Leben und Sterben nachdenkst. Du suchst auch nach Gebeten, die du sprechen kannst, oder Liedern, die du singen kannst. Und oft habe ich es erlebt, dass ein Mensch, der kaum noch Regungen von sich gibt, die Lippen mitbewegt, etwa wenn ich den Psalm 23 spreche oder das Vaterunser. Weil das Worte sind, die sich tief in ihre Seele eingebrannt haben, so tief, dass sie selbst im Sterben noch präsent sind. Das miterleben zu können tut meistens auch Angehörigen gut. Sie haben ja in der Regel große Angst vor dem Sterben, weil sie noch nie einen sterbenden Menschen gesehen haben.«

Dann ist Sterbebegleitung gleichzeitig auch Seelsorge an den Angehörigen?

Du erzählst: »Sie kann natürlich auch erst einmal erschrecken und beklemmen. Deshalb stehen wir den Angehörigen auch immer zum Gespräch zur Verfügung. Die direkte Seelsorge gehört dazu. Und auch das Weinen gehört dazu, die Tränen und die Trauer – der Tod tut auch weh, gerade wenn wir lieben. Es ist wohl immer leichter, von alten Menschen Abschied zu nehmen, weil wir mit dem Psalm 90 sagen können: ›Unser Leben währet siebzig Jahre und wenn es hoch kommt, so sind's achtzig Jahre.‹ (Psalm 90, 10) Aber wenn ein junger Mensch stirbt, dann gibt es durchaus Wut und Zorn und die große Frage nach dem Warum. Da leiden wir alle mit, das tut unendlich weh, da bleibt dann noch so viel ungelebtes Leben. Ein früher Tod bringt den Angehörigen immer besonders viele Schmerzen, da ist wahrhaftig Seelsorge gefragt.«

Das Warum können wir aber doch nicht beantworten. Ich denke, Gott hält uns nicht wie Marionetten, wir wollen ja auch frei sein. Deshalb können wir auch Gott nicht verantwortlich machen, wenn Krankheit oder Unfälle uns treffen.

»Das ist schön abstrakt formuliert«, seufzt Schwester Susanne. »Aber im Konkreten wird mit Gott gehadert, das ist einfach normal, denke ich. Und Gott lässt das doch auch zu, denken wir nur an das Buch Hiob in der

Bibel. Genau das halte ich für richtig: in der Trauer, im Zorn mit Gott im Gespräch bleiben. Vielleicht ist unser Kontakt mit Gott nie so eng wie in Zeiten, in denen es um Sterben und Tod geht. Das ist eine so elementare Erfahrung, weil wir Gott dann besonders nahe sind und die Auferstehungshoffnung besondere Bedeutung erhält. Deshalb sollten wir dieser Erfahrung nicht ausweichen. Sterben braucht Zeit, Trauer braucht Zeit, für die Seele ebenso wie für die Seelsorge.«

Danke, Susanne. Mir macht unser Gespräch noch einmal deutlich, dass gerade im Sterben und im Begleiten Sterbender eine tiefe geistliche Erfahrung liegt, eine Erfahrung Gottes. Und danke für die Ruhe und die Zeit, die du Sterbenden und ihren Angehörigen schenkst. Das ist ja auch ein Dienst stellvertretend für uns alle. Du und die vielen anderen, die sich haupt- oder ehrenamtlich engagieren im Hospizdienst oder auch in der Telefonseelsorge und an anderen Punkten, ihr helft nicht nur Betroffenen, sondern ihr leistet auch einen Beitrag für uns alle zusammen, für uns als Gemeinschaft, denke ich. Das Sorgen für diejenigen, deren Seele verletzt ist, hilft, das Gewebe unserer Gemeinschaft aufrechtzuerhalten.

Anregung

Gehen Sie in aller Ruhe auf einen Friedhof. Das sind wirklich oft Orte des Friedens. Wenn wir die fremden Grabsteine betrachten, erschließen sich manchmal durch die Lebensdaten oder die Einträge Anklänge an ein Leben. Und wenn es Grabsteine von Menschen sind, die wir kannten, werden Erinnerungen wach. Ein Friedhof ist ein guter Ort, nachzudenken über Leben und Tod. Wir können uns auf eine Bank setzen und auch den eigenen Tod in den Blick nehmen. Verdrängen wir den Gedanken ans Sterben, oder wagen wir, ihm Raum zu geben?

Sind wir vorbereitet? Haben wir geregelt, was zu regeln ist, besprochen, was zu besprechen ist, falls ein plötzlicher Tod kommt? Und wenn es ein langsamer Tod ist, haben wir beispielsweise ein Testament bzw. eine Patientenverfügung ausgestellt, haben wir einen Ort, an dem wir sterben möchten, haben wir besprochen, wer zuständig sein soll? Es ist wichtig und für Angehörige eine große Hilfe, sich Zeit für diese Überlegungen zu nehmen, denen wir allzu oft ausweichen oder davonrennen in der Hektik des Alltags. Sich mit der eigenen Sterblichkeit zu befassen kann das Leben im Hier und Jetzt vertiefen.

Dabei geht es aber nicht nur um die praktischen Fragen. Am wichtigsten sind die geistlichen. Kann ich mich Gott auch im Sterben anvertrauen? Sehe ich meine Seele geborgen bei Gott? Kann ich mich fallenlassen in die Liebe Gottes, oder fühle ich tiefe Angst? Es braucht Zeit, sich mit diesen Gedanken auseinanderzusetzen.

Doch, ich bin überzeugt, es gibt auch eine Spiritualität des Sterbens beziehungsweise eine Mystik des Todes.

Hoffen und Kämpfen –
Ein Gespräch mit Pastor Enrico

M*ich bedrückt oft, wie sehr Spiritualität in Deutschland individualisiert wird. Sie kann geradezu zu einer Abkapselung von Weltproblemen benutzt werden. In den 19 Jahren, in denen ich Mitglied im Zentralausschuss des Ökumenischen Rates der Kirchen war, durfte ich viele Kirchen in Übersee besuchen. Immer wieder hat mich beeindruckt, wie dort konsequenter Einsatz für Gerechtigkeit Teil des Glaubenslebens war. Spiritualität ist nicht ein Zusatz, sondern wird im Alltag gelebt, eingebunden in Widerstand gegen Armut, Hunger und Unterdrückung. Der fiktive Pastor Enrico steht stellvertretend für manches Gespräch mit Christinnen und Christen in Afrika, Asien, Lateinamerika.*

Es tut gut, mit dir diese Projekte zu besuchen, weißt du. Aber wie hältst du das aus, ständig mit diesem Unrecht konfrontiert zu sein? Hier die Landlosen, da die Großgrundbesitzer, hier die Villen, da die Favelas? Und deine Arbeit mit den Landlosen etwa, das ist doch ein

Fass ohne Boden! Als ich diese elenden Gestalten auf diesem Stück besetztem Land gesehen habe, diese Kindergesichter, die Hunger und Hoffnungslosigkeit ausstrahlen, habe ich gedacht, wo soll denn da überhaupt angefangen werden?

»Ja«, sagst du, »das Unrecht ist groß. Ich hatte das fast vergessen in den Jahren, in denen ich bei euch in Deutschland war. Das macht mich oft auch zornig. Dann möchte ich Türen eintreten und schreien. Und manchmal macht es mich schlicht hilflos, weil ich sehe, dass alles, was ich tue, nur ein Tropfen auf den heißen Stein ist. Aber ich habe gelernt, auch geduldig zu sein, Schritt für Schritt zu gehen. Mit Liebe für die Menschen da zu sein, ihnen wieder ein Gefühl für die eigene Würde zu geben, das ist das Allererste. Und dann geht es auch darum, gegen das Unrecht anzukämpfen. Unrecht muss Unrecht genannt werden, da kann es keine Kompromisse geben.«

Bringt dir das Ärger? »Das kommt darauf an«, sagst du, »wen du meinst. Natürlich gibt es hier auch viele Christen, die sagen, dieses Engagement für die Armen, das sollte nicht über das Karitative hinausgehen. Aus politischen Fragen sollte sich die Kirche heraushalten. Wenn ich aber die Propheten im Alten Testament lese, wie sie gegen das Unrecht wettern, wenn ich die biblischen Visionen lese, dass Gerechtigkeit und Frieden sich küssen werden, dann weiß ich, dass Gerechtig-

keit ein Auftrag für uns ist und nicht nur ein schönes
Wort.«

Jesus hat ja gesagt, wo wir Gefangene besuchen,
Hungrigen Essen geben und Obdachlose ins Haus bitten, begegnen wir ihm selbst.

»Genau«, sagst du, »das ist auch meine Erfahrung.
Im Einsatz für die Armen kannst du Gott selbst erfahren. Und zwar nicht, weil du ja so großartig bist, wie du
Essen verteilst, das wäre ja Selbsterhöhung. Nein, weil
du plötzlich Liebe spürst, Liebe empfängst und Liebe
geben kannst. Das ist eine überwältigende Erfahrung.
Da geht es nicht mehr um Geben und Nehmen, sondern wir werden wirklich zur familia dei, zur Familie
Gottes.«

In Nairobi hat der Weltkirchenrat 1975 von einer
»Spirituality for Combat« gesprochen. Findest du, das
ist ein guter Begriff? Bei uns haben viele das als Gegensatz angesehen: Spiritualität ist doch mehr das Geistliche, und das kann mit Kampf nichts zu tun haben.

»Das stört mich bei euch in Europa, in den reichen
Ländern«, wirfst du ein. »Da wird christlicher Glaube
schnell zur Privatsache, etwas für den Sonn- und Feier-
tag – und Spiritualität ist dann so ein Sahnehäubchen
obendrauf. Bei uns geht es wirklich um Leben und Tod,
um Kinder, die auf der Straße leben, um AIDS-Infi-
zierte, die keine Medikamente bekommen, um kleine
Mädchen, die an Touristen zur Prostitution geradezu

vermietet werden. Wenn du dann sagst: Jeder Mensch hat die gleiche Würde, jeder Mensch ist Gottes Ebenbild, jeder Mensch hat ein Recht auf Nahrung, Wohnung und Bildung, dann ist das eine Kampfansage. Ich denke, unser Glaube macht uns stark, diesen Kampf zu führen.«

Mich hat in den 70er Jahren fasziniert, wie Ernesto Cardenal mit den Bauern von Solentiname diese Gespräche über die Bibel geführt hat. Zu lesen, wie diese Leute, die nicht lesen und nicht schreiben können, die biblischen Geschichten interpretiert haben, wie die tiefe Wahrheit der Geschichten ans Licht kam, die ich vorher nie gesehen hatte, das war faszinierend.

»Na«, rufst du, »das ist doch bis heute so! Und zwar, weil Jesus ja damals mit genau solchen Menschen zu tun hatte. Mit Zöllnern und Huren und Fischern. Ihnen hat er gesagt: Gott liebt dich. Sie haben diese Freiheit der Kinder Gottes begriffen. Und das wurde schnell bedrohlich für die staatliche und religiöse Ordnung.«

Aber sag mal, wirst du jetzt nicht nostalgisch? Die große Zeit der Theologie der Befreiung scheint doch vorüber zu sein. Und was bei euch in Lateinamerika wirklich wächst, das sind die charismatischen Bewegungen, Pfingstkirchen, kleine einzelne Gemeinden und auch die Kulte, die sich auf die ethnische Herkunft aus Afrika oder auch von den Ureinwohnern beziehen.

»Das stimmt schon«, sagst du nachdenklich, »aber ich bin überzeugt, diese Individualität, in der es nur um mich und meine Erlösung geht, wird sich langfristig in unserem Kontext nicht halten lassen. Da wird zum einen viel mit Angst gearbeitet: Wenn du dies und das nicht tust, dann droht dir Gottes Zorn. Das ist schon fast wie damals die Auseinandersetzung zu Zeiten Luthers. Und zudem wird auch in den Pfingstkirchen deutlich, dass Diakonie, Nächstenliebe zum Christsein dazugehört. Wer sich den Nächsten zuwendet, kann das Unrecht nicht übersehen. Es gibt längst Pfingstgemeinden, die mit Sozialprojekten beginnen. Ich denke etwa an die »Fabrik der Hoffnung« in Rio de Janeiro. Für mich ist die Theologie der Befreiung nicht einfach Vergangenheit. Sie ist und bleibt eine Herausforderung, wir müssen sie fortschreiben. Es gibt keine Theologie im Elfenbeinturm! – Ich habe oft den Eindruck, wenn ich theologische Aufsätze oder Bücher von euch lese, dass ihr so tut, als lebtet ihr in so einem Turm, abseits von Krieg und Hunger und Unrecht. Aber Glaube hat doch mit dem Leben zu tun!«

Und was erwartest du von uns in Europa?

»Ihr müsst aus eurer Selbstzentrierung herauskommen. Ich habe wirklich den Eindruck, ihr denkt immer noch, ihr seid theologisch gesehen der Nabel der Welt. Dabei gibt es heute viel spannendere Theologie, etwa das Nachdenken der Dalits in Indien über die Bedeutung der christlichen Botschaft im Kastensystem. Oder die Überlegungen im Pazifik zu einer Theologie der Schöpfung. Und eure Kirchlichkeit, die ist längst kein Vorbild mehr. Lebendiger müsst ihr werden, näher ans Leben rücken. Wenn ihr spirituelle Erfahrungen macht in Meditation oder Stille, dann finde ich das ja alles gut. Aber es muss doch etwas daraus hervorgehen. Ihr könnt doch nicht sagen, ihr habt eine Gottesbeziehung gefunden und der Rest der Welt geht euch nichts an! Glauben macht immer stark für die Konfrontation mit der Welt. Wenn ihr uns tatsächlich als Brüder und Schwestern seht, dürft ihr euch nicht einigeln in euren eigenen Kontext, in eure Welt. Wenn schon Globalisierung, dann auch eine Globalisierung der Gerechtigkeit!«

Danke, Enrico. Du hast Recht, wir brauchen immer wieder eine globale Horizonterweiterung als Kirche.

Anregung

Die meisten unserer Kirchengemeinden oder Kirchenkreise pflegen Partnerschaften zu Gemeinden in Übersee. Das hilft, Beziehungen im direkten Kontakt aufzubauen, die nicht nur über Spenden laufen, sondern wirklich ein Miteinander-Lernen ermöglichen. Es gibt aber auch die Möglichkeit, sich beim Evangelischen Entwicklungsdienst, bei Brot für die Welt oder der Kindernothilfe für konkrete Projekte einzusetzen. Entsprechende Angebote sind auch in anderen Kirchen vorhanden. Spiritualität ist nie Selbstzweck, sondern wird gelebt und erfahren in einer konkreten Welt mit konkreten Herausforderungen.

Gerade im Austausch mit Christinnen und Christen aus Afrika, Asien und Lateinamerika kann unser Glaube neue Horizonte finden, die Provinzialität überwinden, und unsere Spiritualität wird auf diese Weise eine neue Dimension entdecken. Diese weltweiten Bezüge bedeuten eine elementare ökumenische Bereicherung.

Sechzehn Möglichkeiten: Grundvariationen von Spiritualität

———•◆•———

Wie kann ich nun Spiritualität konkret erproben? Wie kann ich beginnen? Was ist für mich der beste Zugang?

Ich denke, Interessierte sollten mit dem einen oder anderen Angebot ganz praktisch einen Einstieg ausprobieren. Im Folgenden werden sechzehn Zugänge angedeutet, ohne jeden Anspruch auf Vollständigkeit. Dabei sind sehr verschiedene Dimensionen von Spiritualität beschrieben: von ganz weiten Erfahrungen wie Licht bis zu ganz konkreten wie dem Beschreiten eines Pilgerweges. Um eine Bewertung zu vermeiden, sind sie schlicht alphabetisch geordnet. Viele dieser Zugangsmöglichkeiten und Angebote sind aber auch gar nicht völlig voneinander zu trennen. Zu einer Meditation kann Licht gehören oder ein Bild. In der Schöpfung kann ein Mensch eine mystische Erfahrung machen. Schweigen kann eine Fastenerfahrung sein. Daher ist dies nur eine Annäherung, ein kurzer Eindruck, der die Vielfalt spiritueller Zugänge vermitteln soll.

Niemand wird alle diese Möglichkeiten insgesamt wahrnehmen und umsetzen können. Wir alle haben unterschiedliche Sensibilitäten, sinnliche Wahrnehmungen, Glaubenszugänge. Welches Ihre Form, Ihr Ort, Ihr

Zugang und Ihr ganz persönlicher spiritueller Weg ist, müssen Sie selbst herausfinden. Es kann hier nur um Anregungen gehen, die ich kurz beschreibe, und praktische Hinweise, die ich als eine Art Einstiegshilfe gebe. Dazu habe ich jeweils inspirierende Texte ausgesucht, weil die Poesie wohl die schönste Sprache der Spiritualität ist. Manche der Texte können uns ein Lächeln ins Gesicht zaubern, und allein das tut unserer Seele gut. Statt der Texte könnten es auch Bilder sein oder Töne oder ein zartes Sirren in der Luft. Das lässt sich in einem solchen Buch leider schlecht abbilden, aber im Leben immer wieder entdecken. Zudem gibt es in vielen Gemeinden, in Klöstern, in Einkehrhäusern und anderen kirchlichen Einrichtungen eine Fülle von Angeboten, den eigenen spirituellen Weg zu entdecken.

Lassen Sie sich ein auf die Suche nach Ihrem Weg zur Gotteserfahrung. Wenn die vier Grundsäulen solide sind, gibt es keine »falschen« Wege, denke ich. Wenn Jesus Christus die Mitte unseres Glaubens ist, das Kreuz, bildlich gesprochen, fest steht, ist weiter Raum für Kreativität und Vielfalt. Viele sind skeptisch gegenüber Spiritualität, weil sie auch ein Wagnis ist, weil wir uns dabei persönlich einlassen müssen auf unseren Glauben, ohne die Distanz halten zu können, die selbst ein Gottesdienst möglich macht. Manchmal braucht es Mut, sich auf einen solchen Weg zu begeben. Dieser Mut aber lohnt sich, denn erfahrener und gelebter Glaube gibt unserem Leben eine Tiefe, die nicht käuflich ist.

Es geht um Halt und Orientierung in diesem Leben und weit darüber hinaus. Dafür Zeit zu finden in unserem Leben, Freiraum dafür zu schaffen, ist eine lohnende Angelegenheit. Wir können auf diese Weise lernen, das Leben in seiner von Gott geschenkten Fülle wahrzunehmen. Wir erfahren, dass der christliche Glaube nicht eine Sache allein des Intellekts ist oder des Kopfes, sondern mit allen Sinnen wahrgenommen werden kann. So wird die biblische Überlieferung zur persönlichen Gotteserfahrung. So kann Jesus Christus erfahren werden mit Herzen, Mund und Händen.

Engel

Viele Menschen machen in ihrem Leben die Erfahrung, einem Engel begegnet zu sein. Ein Schutzengel kann das sein, der sie bewahrt hat in großer Gefahr. Menschen können für andere zum Engel werden: die Pflegerin, die uns versorgt, der Freund, der die Hand hält, die Nachbarin, die den Kuchen bringt, der Bruder, der zuhört. Und Engel können Gottes Botschaft mitteilen, wie der Engel, der Zacharias die Geburt seines Sohnes ankündigt (Lukas 1), wie die Engel auf dem Feld, die den Hirten erzählen, was sich in Bethlehem ereignet hat (Lukas 2).

Ich habe mich erst spät Engeln angenähert. Aber es gibt ein paar Engelfiguren in meinem Büro, die mich schon viele Jahre begleiten. Solche Symbole können zur Zwiesprache einladen. Manchmal sage ich zu einem: »Na, was denkst du jetzt?« Und mitten im Alltag gibt es eine Unterbrechung, ein vertieftes Nachdenken. Zudem habe ich Engel erfahren in meinem Leben: Menschen, die für mich da waren, als ich Liebe brauchte oder Zuwendung, oder die einfach nur zuhörten, als ich ein aufmerksames Ohr nötig hatte. Ich denke an einen Engel, der mir einmal einen wunderbaren Rosenstrauß brachte, als ich ziemlich verzagt war. Er hat mir sehr gutgetan, obwohl er es gar nicht ahnte.

Meine liebste biblische Engelstelle ist Psalm 91, Vers 11: »Denn er hat seinen Engeln befohlen, dass sie dich behüten auf allen deinen Wegen.« Das hat der Bachchor in Hannover in der Vertonung von Mendelssohn gesungen, als ich 1999 nach der Einsegnung als Bischöfin zur Kanzel ging, um meine erste Predigt im Amt zu halten. Ich dachte damals: »Was kann denn jetzt noch schiefgehen, wenn seine Engel dich behüten?« Sicher, gute Vorbereitung können auch Engel nicht ersetzen! Aber sie stehen stellvertretend für Gott an unserer Seite. Sie schenken uns eine Erfahrung der Nähe Gottes. Wenn wir die Begleitung Gottes spüren, machen wir eine Engelerfahrung. Oder die Botschaft Gottes wird uns deutlich und klar. Engel lassen uns Gottes Existenz wahrnehmen, ja, sie erinnern uns schlicht daran: Gott ist da. Deshalb sind sie auch eine spirituelle Begebenheit.

Es gibt wunderbare Geschichten dazu und Engelbücher, die uns begleiten[31] oder auch schmunzeln lassen. Oder das Buch, in dem Menschen erzählen, wie ein Bronzeengel ihnen Halt gab mitten im Leben.[32] Zuallererst ist es gut, sich die biblischen Engelbegegnungen anzuschauen, die Begegnung von Maria und Gabriel etwa im ersten Kapitel des Lukasevangeliums (Lukas 1,26 ff.). Vielleicht suchen Sie sich eine Engelfigur aus, die Sie anspricht. Wunderbare Engelbilder gibt es, aber auch Engel aus Holz, aus Ton oder ganz anderen Materialien. Sicher, das sind nur Symbole. Aber manchmal, wenn ich einen solchen Engel ansehe, komme ich auch ins Gespräch mit Gott. »Dein Heiliger Engel sei mit mir, dass der böse Feind keine Macht an mir finde«, spricht Luther im Abend- und im Morgensegen. Dass wir unsere Tage und Nächte Gott anvertrauen dürfen, daran kann uns eine Engelfigur erinnern. Sie spricht uns zu: Gott ist da. So öffnet sie uns mitten im Alltag vielleicht Ohren, Augen oder Herz, um sensibel dafür zu sein, dass es mehr gibt, als wir oft wahrnehmen.

Der Engel in dir

Der Engel in dir
freut sich über dein
Licht

weint über deine Finsternis

Aus seinen Flügeln rauschen
Liebesworte
Gedichte Liebkosungen

Er bewacht
deinen Weg

Lenk deinen Schritt
engelwärts

Rose Ausländer

Fasten

Fasten wird heute neu entdeckt, nicht nur im Zusammenhang mit Spiritualität, sondern auch als Heilfasten im Gesundheitsbereich. Christliches Fasten aber ist nie Selbstzweck, sondern eine Zeit der Vorbereitung. Insbesondere die Passionszeit gilt in christlicher Tradition als Fastenzeit. Aber beispielsweise war auch die Adventszeit früher Fastenzeit zur Vorbereitung auf das Weihnachtsfest. Der Freitag gilt als Fastentag, an dem kein Fleisch gegessen wird in Erinnerung an Karfreitag. So spielt das Fasten eine Rolle im Rhythmus des Kirchenjahres. Spirituell wird Fasten wahrgenommen als eine Zeit, in der wir uns zurücknehmen. Körperlich kann es uns bewusst machen, wie eng unsere Gewohnheiten sind, wie beispielsweise ein Glas Wein ganz besonders schmecken kann, wenn wir einige Zeit darauf verzichtet haben, oder wie sehr wir uns ans Fernsehen gewöhnt haben, ohne zu merken, wie stark es unseren Tagesablauf bestimmt.

Eine hervorragende Möglichkeit, sich in das Fasten einzuüben, ist die Aktion »7 Wochen ohne«[33]. Sie entstand 1983, als eine Gruppe von Journalisten und Theologen nach einer Kneipentour beschloss, von Aschermittwoch bis Ostern zu fasten. Inzwischen nehmen über zwei Millionen Menschen jedes Jahr daran teil. Das Ziel ist, die Passionszeit bewusst zu gestalten. »7 Wochen ohne« will Menschen einladen,

- eingeschliffene Alltagsgewohnheiten zu überdenken,
- auf lieb gewonnene »Sünden«, wie z. B. Alkohol, Nikotin, Süßigkeiten zu verzichten,
- zu klären, was Lebensqualität ausmacht,
- Platz zu schaffen für Veränderungen,
- neue Perspektiven zu entwickeln,
- durch Konsumverzicht Solidarität mit Benachteiligten zu zeigen.

Es ist spannend, welche Erfahrungen Menschen heute ganz neu mit dieser alten Tradition machen. Ich kann Sie nur ermutigen, solches Fasten einzuüben. Nicht als Zwang, sondern als Erfahrung neuer Möglichkeiten, als Entdeckungsreise. Die Aktion »7 Wochen ohne« verschickt auch Fastenbriefe, die in den sieben Wochen die Menschen begleiten. So bleiben die Fastenden nicht allein, sondern werden in eine Gemeinschaft gestellt, die Erfahrungen teilt. Auch das tut gut.

Im Fastenbegleiter, einem schönen Buch, in dem Menschen ihre Erfahrungen in der Fastenzeit aufzeichnen können, erzählt Siegfried Macht: »Von einer

Nachbarin nach dem Grund seines Fastens gefragt, sagte Herr P.: ›Ein alter Arbeitskollege von mir musste aus seiner großen Wohnung in eine kleine umziehen; er sortierte vieles aus, was nicht unterzubringen war, und beschränkte sich auf das Schönste und Nützlichste. Kurze Zeit später war es ihm möglich umzuziehen. Niemals mehr habe ich eine geschmackvollere Einrichtung gesehen. Seitdem halte ich öfter Umzug.‹« Diese Geschichte hilft, Fasten zu verstehen. Ich sortiere, was wichtig ist im Leben und was unwichtig, wenn ich faste.

Was ich nicht mag am Fasten, ist eine neue Gesetzlichkeit, die schnell entsteht: Ich darf dies nicht, ich darf das nicht. Die »7 Wochen ohne« mache ich gern mit, aber es darf nicht zu moralinsauer werden. Um eine Erfahrung der Freiheit soll es gehen, nicht um eine Erfahrung von Enge. Mich beruhigt immer, wenn ich lese, dass die Mönche da durchaus ihre Ausnahmen hatten: am Sonntag, auf Reisen etc. Aber wahr bleibt: Es geht um eine Auseinandersetzung mit mir selbst: Bin ich unabhängig von bestimmten Speisen und Gewohnheiten, kann ich noch ausbrechen, etwas ändern, mich ändern? Es kann wahrhaftig eine Erfahrung von Freiheit sein, zu merken, dass ich manches gar nicht so unbedingt brauche. Solche Freiheit gibt Raum, mich auf neue Erfahrungen einzulassen mit mir selbst und mit meinem Glauben.

Viele Menschen erfahren, dass auf diese Weise die Passionszeit für sie wieder ganz neue Bedeutung gewinnt. Es ist eine besondere Zeit im Jahr, die Fastende wieder bewusst erleben. Das gilt vor allen Dingen für die Karwoche von Palmsonntag über Gründonnerstag und Karfreitag bis hin zum Osterjubel. Wir nehmen uns beim Fasten Zeit, diese für den christlichen Glauben so entscheidenden biblischen Erzählungen wahrzunehmen. Es sind große Traditionen, in die wir uns stellen, tiefe Erfahrungen, an die wir anknüpfen. So können wir Wurzeln finden.

Das Loslassen

Nun gibt es etliche Leute,
die lassen die Dinge aus Liebe
und achten gar groß die Dinge,
die sie gelassen haben.
Aber der Mensch, der in Wahrheit erkennt,
dass auch, wenn er sich selbst lässt und alle Dinge,
dass das dennoch überhaupt nichts ist –
ja, der Mensch, der so liebt,
dem sind in Wahrheit alle Dinge zu eigen.
Alle Unordnung des inneren
und des äußeren Menschen
wird geordnet in der Gelassenheit,
in der man sich lässt
und Gott überlässt.

Meister Eckehart

Heilige

Ach ja, mit der Heiligenverehrung machen es sich viele Menschen heute schwer. »Das sind doch alles Legenden«, erklären die einen. »Sie sind Vorbilder im Glauben«, meinen die anderen. »Das führt am Glauben vorbei«, sagen die dritten. Und wieder anderen ist es ungeheuer wichtig, etwa an ihrem Namenstag dieser Märtyrerin zu gedenken oder diesen Heiligen als Schutzpatron für die eigene Kirche zu kennen.

Vor einiger Zeit habe ich in einem unserer Klöster einen Jubiläumsgottesdienst gefeiert. Immer am Bartholomäustag wird das Jubiläum begangen, am 24. August. An diesem Tag wurde das allererste Kloster geweiht, das neu erbaute Kloster an neuem Ort ebenfalls, und nach einem Brand vor rund 200 Jahren war wieder am Bartholomäustag Weihfest. Also bedeutet Bartholomäus mit seiner Geschichte diesem – evangelischen! Konvent viel. Beim Einzug in die Kirche wurde eine große Figur in der Prozession mit in die Kirche getragen: der Heilige Mauritius, wurde mir erklärt. Er hat schwarze Haut, geradezu ein Zeichen gegen Rassismus heutzutage. Seine Geschichte musste ich erst in einem Handbuch nachlesen.[34] Beide Heilige haben offensichtlich als Glaubenszeugen für diesen Ort ein Band geknüpft, das Menschen in der Erinnerung an sie durch die Jahrhunderte verbindet.

Viele der Legenden über Heilige sind unendlich ausgeschmückt und für uns heutzutage kaum nachzuvollziehen. Wer sich wie in welchem Martyrium blutvoll opferte, das sind manchmal richtige Schauergeschichten, die ich als wenig glaubensstärkend empfinde. Und doch ist da ein wichtiger Impuls: Wir gedenken der Menschen vor uns, die geglaubt haben. Wir haben eine Erinnerungskultur, ein Gedächtnis. Sicher wird der Protestantismus keine Heiligenverehrung ausbilden. Aber das Gedenken der Menschen vor uns, die in schwerer Zeit für ihren Glauben einstanden, das bedeutet auch uns etwas. So gibt es vielleicht hier durchaus eine ökumenische Dimension zu entdecken.[35]

Dabei werden Protestanten immer den Impuls haben, zu betonen, dass Heilig-Sein nicht eine Überhöhung der Person meint, sondern Menschen bezeichnet, die sich ganz und gar Gott anvertraut haben. Heilig- und Seligsprechungen sind immer wieder eine ökumenische Herausforderung. Aber auch von römisch-katholischer Seite wurde formuliert: »Der Ökumenismus der Heiligen, der Märtyrer, ist vielleicht am Überzeugendsten. Die communio sanctorum, Gemeinschaft der Heiligen, spricht mit lauterer Stimme als die der Urheber von Spaltungen.«[36]

Vielleicht finden wir von diesem Ansatz her einen Weg des gemeinsamen Gedenkens. Mit einem Buch zu den Evangelischen Märtyrern des 20. Jahrhunderts[37] wurde vor kurzem ein spannender Impuls gegeben. Es geht nicht um die Anbetung einzelner Menschen. Es geht um das Erinnern an Schwestern und Brüder im Glauben, die den Mut hatten, zu ihrem Glauben zu stehen. »Erinnere dich!«, »Gedenke!«, das sind immer wieder biblische Aufforderungen. Und die Erinnerung an Adam und Eva, an Abraham und Sarah, Isaak und Rebekka – das ist eine Erinnerung, die uns Orientierung gibt und einen Erzählfaden spinnt, in den wir uns hineinbegeben. Solches Gedenken gewinnt eine spirituelle Dimension, weil es uns im eigenen Glauben stärkt. Und es hat eine ökumenische Dimension, weil es um unsere gemeinsamen Vorfahren im Glauben geht.

So möchte ich Sie ermutigen, sich einen eigenen »Heiligen« oder eine »Heilige« zu suchen. Nein, nicht als Vermittlung zu Gott! Aber als Person der Geschichte, die ihren Glauben gelebt hat. Ich denke, wir können lernen von unseren Vätern und Müttern im Glauben. Und wir können uns vertiefen in die Geschichte des christlichen Glaubens, Kraft daraus gewinnen, wie andere in viel schwierigeren Herausforderungen, als wir sie vor uns sehen, von Gott die Kraft geschenkt bekamen, nicht zu verzagen, sondern zu bestehen. Das kann unser Vertrauen bestärken, wenn wir an unserem eigenen Kleinglauben zu verzweifeln meinen, wenn wir befürchten, nicht gut oder fest genug zu glauben.

Schauen Sie doch einmal, ob Ihr Name im »Heiligenverzeichnis« einen Vorgänger oder eine Vorgängerin anzeigt. Oder vielleicht ist Ihr Geburtstag ein besonderer Gedenktag. Oder Sie entdecken einen Vater oder eine Mutter im Glauben, die Sie besonders beeindruckt, bewegt, nachdenklich macht. Über das Gedenken und Erinnern der Geschichte der anderen können wir für unser eigenes Glaubensleben lernen.

Vom Heiligendienst wird von den Unseren so gelehrt, dass man der Heiligen gedenken soll, damit wir unseren Glauben stärken, wenn wir sehen, wie ihnen Gnade widerfahren und auch wie ihnen durch den Glauben geholfen worden ist; außerdem soll man sich an ihren guten Werken ein Beispiel nehmen, ein jeder in seinem Beruf. ... Aus der Hl. Schrift kann man aber nicht beweisen, dass man die Heiligen anrufen oder Hilfe bei ihnen suchen soll. »Denn es ist ein einziger Versöhner und Mittler gesetzt zwischen Gott und den Menschen, Jesus Christus« (1. Tim 2,5).

Augsburger Bekenntnis, Artikel 21

Ikonen

In den Kirchen der Orthodoxie spielen Ikonen eine große Rolle für die Spiritualität. Als ich einmal in einem orthodoxen Kloster war, fragte ich die Äbtissin, wie sie denn den vielen jungen Frauen dort, die ohne christliche Erziehung aufgewachsen waren, den Glauben näherbringe. An Bibelstudium hatte ich gedacht, an Einführungskurse in den Glauben. Aber sie sagte, nein, das alles sei nicht vorhanden, aber jede erhalte für ihre Kammer eine Ikone. Sie erklärte mir: »Du musst nicht die Bibel lesen, du musst nur der Ikone in die Augen schauen, dann hast du den ganzen Glauben und das ganze Evangelium.«

Das ist für eine lutherische Christin schwer nachzuvollziehen. Vom Wort Gottes her entsteht der Glaube, sind wir überzeugt, aus dem Hören und Lesen dieses Wortes. Aber Ikonen, Bilder können eben auch ein Weg sein, Gott zu erahnen, zu vertiefen. Nach meinem Verständnis ist das immer nur im Zusammenhang mit der Bibel möglich. Aber ich akzeptiere, dass es für andere anders ist, dass wir von der Liebe zu den Ikonen durchaus lernen können. Der Streit um das biblische Bilderverbot wurde offenbar in den Kirchen des Ostens im achten Jahrhundert heftig geführt. Die Menschwerdung Gottes in Jesus Christus wurde zum entscheidenden Argument, Jesus und damit auch Gott abbilden zu dürfen.

Nun kennen evangelische und katholische Christinnen und Christen ja auch Bilder, die beispielsweise Geschichten aus den Evangelien erzählen. Mancher Altar tut das auf beeindruckende Weise. Ikonen aber bedeuten noch etwas anderes. Sie werden verstanden als »Bilder, die als eine Art sakramentales Zeichen Christus, das in Christus vollbrachte Heilswerk, die Heiligen und ihre Viten, in späterer Zeit auch dogmatische ›Wahrheiten‹ authentisch repräsentieren«[38]. Das musste ich erst verstehen lernen: Es geht nicht um Vermittlung, Didaktik sozusagen, nicht um Erzählen, Veranschaulichen oder Belehren – so sehe ich Bilder im Glauben meistens, etwa bei Michelangelo (s. o. S. 93 ff.). Nein, es geht wirklich um Repräsentation. Die Ikone steht orthodoxen Gläubigen für die Anwesenheit Gottes. Deshalb wird sie geküsst, verehrt.

Eine Kopie der berühmten Dreifaltigkeitsikone des russischen Malers Rubljov hängt in meiner Kanzlei. Sie zeigt den Besuch der drei Engel bei Abraham im Hain Mamre (1. Mose 18). Traditionell wird diese Bibelstelle auf die Trinität hin interpretiert. Für mich ist diese

Ikone ein wirklich bewegendes Sinnbild der Trinität. Die drei Engel bzw. Vater, Sohn und Heiliger Geist sind aufeinander bezogen, miteinander im Gespräch. Gott ist nicht einer, isoliert, Gott ist in sich selbst schon Beziehung, ein Miteinander. Nur ein Bild, gewiss. Aber auch eine spirituelle Anregung, zur Meditation, zum Nachdenken, zur Stärkung unseres Glaubens.

Eine wunderbare und sehr zugängliche Einführung in die Bildwelt und Bedeutung von Ikonen gibt ein kleines Buch von Rowan Williams[39], dem heutigen Erzbischof von Canterbury. Es hat mir geholfen, mich den Ikonen anzunähern. Sehr behutsam und nachvollziehbar öffnet er Christinnen und Christen westlicher Prägung einen Zugang zu dieser orthodoxen Tradition.

Falls Sie sich ganz persönlich auf den Prozess der Entstehung einer Ikone einlassen wollen: Es gibt Kurse und Anleitungen, Ikonen selbst zu malen. Sie können auch eine Ikone kaufen. Es gibt sie als Poster, als Ikonenkopie im Internet, oder Sie können auch ganz individuell für sich eine Ikone malen lassen. Für Letzteres gibt es Wartezeiten von zwei bis drei Jahren. Solche Ikonen malt beispielsweise Schwester Eva-Maria in der Abtei St. Hildegard. Sie sagt, Ikonenmalerei sei für sie »ein Sinnbild für das eigene Leben, das in der einmal gewählten Lebensform Umgestaltung und Ausgestaltung erfährt. So war es für mich ein ganz natürlicher

Weg dahin, und jedes Werden einer Ikone – das erfahre ich immer wieder – ist Geschehen an mir selbst und durch mich hindurch, ist Geschenk.«

Der Blick auf eine Ikone ist ein Beginn. Er kann biblische Texte vertiefen, uns anregen zur Meditation, uns daran erinnern, unsere Tage unter Gottes Geleit zu stellen.

> *Der Kirchenvater Johannes Damascenus schrieb:*
> *»In alter Zeit wurde Gott,*
> *der keinen Körper und keine Gestalt besitzt,*
> *bildlich überhaupt nicht dargestellt.*
> *Jetzt aber, da Gott im Fleisch sichtbar wurde*
> *und mit den Menschen umging,*
> *kann ich das an Gott sichtbare Bild darstellen.*
> *Ich bete nicht die Materie an,*
> *sondern ich bete den Schöpfer der Materie an,*
> *der um meinetwillen selbst Materie wurde.*
> *...*
> *Und ich werde nicht aufhören,*
> *die Materie zu verehren,*
> *durch die meine Rettung bewirkt ist.«*

Licht

Im christlichen Glauben spielt Licht eine besondere Rolle. Jesus Christus hat gesagt: »Ich bin das Licht der Welt« (Johannes 8,12). Das Johannesevangelium bringt diesen Gegensatz von Licht und Finsternis immer wieder als Zeichen für die Wirklichkeit Gottes. Aber auch das Alte Testament kennt Licht als Symbol für die Existenz, die Schöpferkraft Gottes: »Und der Herr sprach: Es werde Licht. Und es ward Licht.« (1. Mose 1,3)

Eine Kerze anzünden, das ist die vielleicht schönste Form, dieses Licht zu symbolisieren, spürbar und sichtbar zu machen. Wir entzünden Kerzen auf dem Altar, wenn wir Gottesdienst feiern. Im Advent wird Woche für Woche eine weitere Kerze auf dem Weg zum Weihnachtsfest entzündet, bis am Heiligen Abend der Lichterbaum für die Ankunft des Gotteskindes steht. In vielen Kirchen gibt es einen Ort der Fürbitte, an dem wir Kerzen anzünden, wenn wir für andere Menschen beten. Beim Totengedenken entzünden wir Kerzen für Verstorbene und nennen dabei ihre Namen.

Auf besondere Weise habe ich das einmal bei einer Kinderakademie erlebt, die ich in Hofgeismar durchgeführt habe. Wir haben am Osterabend ein Osterfeuer entzündet. Anschließend nahmen wir Licht von diesem Feuer und brachten es in die kleine Kapelle im Keller der Akademie. Die Kinder bewachten schweigend in »Schichten« das Feuer in der Nacht. Um fünf Uhr morgens holten sie es mit einer kleinen Prozession aus der Kapelle in die Kirche. Einer nach dem anderen entzündete eine Kerze, die Kirche wurde hell, und schließlich wurde es draußen hell, und nach dem Schweigen der Nacht erklang der Osterjubel.

Auf diese Weise können Kerzen vertiefen, was unser Glaube meint, wenn Jesus Christus als Licht der Welt erscheint, als Licht der Hoffnung in der Finsternis, mitten im Kummer, in Fragen und Leid. Eine Kerze zu entzünden, das lädt ein zum Besinnen, zum Gebet, zur Meditation. Sie werden für sich einen Ort finden können, ob in einer Kirche, Kapelle oder bei sich zu Hause, an dem Sie für sich auf Ihre Art das warme Licht einer solchen Flamme erleben.

Aber auch anderes Licht lässt uns der Bedeutung nachspüren, die Jesus Christus hat. »Licht kam in die Finsternis«, heißt es im ersten Kapitel des Johannesevangeliums, »aber die Finsternis hat's nicht ergriffen.« Gott selbst kommt in die Welt. Jeden Morgen, wenn die Sonne aufgeht, können wir dem nachspüren. Wie am ersten Schöpfungstag erscheint mit dem Licht neu die Gegenwart Gottes, dieser Wille Gottes, sich auf die Welt einzulassen. Wenn wir bewusst das Erwachen des Tages wahrnehmen, können wir das erfahren. So wie es das Gesangbuchlied sagt: »Morgenlicht leuchtet …« (EG 455).

Als ich mit meiner jüngsten Tochter in einem ganz kleinen Dorf Urlaub machte, sagte sie: »So dunkel ist es in Hannover nie!« Und sie hatte Recht. In den Städten kennen wir tiefe Dunkelheit gar nicht mehr. Überhaupt kennen unsere so hell erleuchteten Häuser gar keine wirkliche Nachtschwärze. Vielleicht nehmen wir deshalb das Licht auch zu wenig wahr.

Nehmen Sie sich Zeit, Morgenlicht zu sehen. Auf diese Weise können wir neu wahrnehmen, was Jesus Christus als Licht für uns selbst, unser Leben, unsere Welt bedeutet. Es ist das Licht des Schöpfers, der zugesagt hat, dass Tag und Nacht nicht vergehen werden, solange die Erde steht. Es ist das Licht des Ostermorgens, der Auferstehung, das unsere Welt hell macht, weil Leid und Angst und Tod nicht mehr sein werden, wie das Buch der Offenbarung es formuliert.

> *Wer bist du, Licht, das mich erfüllt*
> *und meines Herzens Dunkelheit erleuchtet?*
> *Du leitest mich gleich einer Mutter Hand,*
> *und ließest du mich los,*

so wüsste keinen Schritt ich mehr zu gehen.
Du, näher mir als ich mir selbst
und innerlicher als mein Innerstes.
Und doch ungreifbar und unfassbar
und jeden Namen sprengend:
Heiliger Geist – ewige Liebe.

Edith Stein

Meditation

Meine eigene erste Meditationserfahrung hatte ich, als ich vor Jahren schnell noch in eine Passionsandacht gehen wollte. Ich war etwas unter Zeitdruck, zu Hause warteten meine Kinder, und ich dachte, länger als fünfzehn Minuten würde das wohl nicht dauern. Aber falsch gedacht! Die Pastorin bat uns, auf einem Meditationsschemel zu knien, stellte ein Christusbild in die Mitte und las einen kurzen biblischen Text. Dann bat sie uns, diesen Text für 25 Minuten mit Blick auf das Bild zu meditieren. Ich habe die ersten zehn Minuten unruhig gehadert! Die Gedanken überschlugen sich: »Könnte ich wohl einfach hinausgehen, würden die Kinder sich fragen, wo ich bleibe, warum war ich überhaupt hierhergekommen?« Aber nach einiger Zeit habe ich gemerkt, dass ich das alles loslassen konnte. Es war wie ein Leer-Werden, eine Konzentration der Gedanken auf dieses Christusbild wurde in ganz neuer Weise möglich.

Meditieren können wir mit anderen oder allein. In einer Kirche im kleinen Kreis sitzen, einen biblischen

Text lesen und darüber nachdenken, das kann eine tiefe gemeinsame Erfahrung sein. Aber auch ein Meditationsbänkchen vor einem Kreuz oder einem Bild bei sich zu Hause eignet sich sehr gut, finde ich. Wir meditieren dann das Bild oder das biblische Wort, das wir mitnehmen. Hilfreich sind erfahrungsgemäß feste Zeiten für die Meditation. Es muss nicht lang sein, es muss nicht täglich sein, aber eine klare Zeit freihalten, das ist wichtig.

Wir können nicht mal eben schnell aus dem Alltag aussteigen, eine Runde meditieren und weiter geht es. Ruhe zu finden braucht Zeit und Rhythmus. Mich erschreckt manchmal, wie schwer es ist, loszulassen, alles, was im Kopf ist, beiseitezuschieben. Das kann ich erst, wenn ich mir wirklich Zeit dafür eingeräumt habe. Ich selbst meditiere am liebsten ein Bibelwort. Einen Psalm lesen oder die tägliche Bibellese, sich auf den Meditationsschemel knien vor einem Kreuz und sich 25 Minuten Zeit nehmen, das ist für mich eine gute Form.

Eine andere schöne Idee zur Meditation kommt aus Schweden: die »Perlen des Lebens«[40]. Es ist ein kleines Armband mit 18 Perlen. Jede Perle hat eine Bedeutung. Es gibt beispielsweise die Gottesperle, Perlen der Stille, die Taufperle, Geheimnisperlen. Ich habe diese Kette schon oft verschenkt und trage sie immer wieder. Sie ist wie eine Erinnerung, dass es mehr gibt im Leben als unseren Alltagstrott. Sie kann uns helfen, uns an Gott zu erinnern, uns immer wieder auf die Tiefe des Lebens zu konzentrieren.

Manchmal können wir auch auf ganz andere Weise meditieren, beispielsweise beim Laufen. Das Loslassen geschieht mit dem Rhythmus der Bewegungen, links, rechts, links, nach ein paar Kilometern wird der Kopf frei für ein Gespräch mit Gott. Auch hier gibt es keine Zwänge, sondern eine Fülle von Möglichkeiten, in denen ich die eigene Form finden muss. Viele unserer Klöster bieten Einführungen in die Meditation an, auch gemeinsame Meditationserfahrungen in der Gruppe.

Horch auf deinen Atem:
Wie er kommt –
Wie er geht –
In deinem Rhythmus
Hilft er dir
Zu dir zu stehen
Ruhig zu werden
Und zu bleiben
An diesem Ort
Der Ruhe
In dir
Ernst Schlatter

Musik

Das Singen hat für das Christentum von Anfang an große Bedeutung gehabt. Mit Martin Luther wurde es für die Reformation geradezu zum Ausdruck des Glaubens (vgl. S. 58 f.). »Du meine Seele, singe« – dieses Lied von Paul Gerhardt (EG 302) drückt aus, wie der ganze Mensch beim Singen vom tiefsten Innern heraus sich an Gott wendet, lobend oder klagend, voller Freude oder voller Kummer. Nefesch, der hebräische Begriff, den die Lutherbibel mit Seele übersetzt, meint eigentlich die Kehle, den Atem, den Lufthauch, der durch die Kehle ausgestoßen wird. In der Bibel beschreibt dieser Begriff auch den ganzen Menschen (1. Mose 2,7) und steht so für die Seele, das lebende Wesen, den Sitz von Regungen und Gefühlen.

Aber nicht nur eigenes Singen, auch der Besuch einer Aufführung, das Hören eines Musikstückes kann unseren Glauben stärken. Manche Menschen nennen Johann Sebastian Bach den fünften Evangelisten. Er hat mit seinen Vertonungen der Bibel auf unnachahmliche Weise Glauben in Musik übersetzt.

Das »Jauchzet, frohlocket« aus seinem Weihnachtsoratorium ist für mich der Inbegriff von Weihnachtsgefühl. Für viele Evangelische hat sich durch Bach oder auch Brahms die Lutherübersetzung tief eingeprägt. Bach hat für jeden Sonntag des Jahres eine eigene Kantate geschrieben. Das »Deutsche Requiem« von Brahms nimmt auf unnachahmliche Weise hinein in die großen Fragen von Leben und Sterben, von Tod und Auferstehung.[41]

Es können auch ganz andere Komponisten oder ganz fremde Töne sein, die in uns den Glauben zum Klingen bringen. Ich denke an eine Wasserstichorgel, die in einigen Gottesdiensten durch ihre merkwürdigen Klänge tiefe Ruhe ausdrückte, aber auch beunruhigen konnte. Oder ich denke an einen Gong, der in der Liturgie der Gottesdienste im Michaeliskloster in Hildesheim eine zentrale Rolle spielt. »Es ist eine erstaunliche Tatsache, dass viele Menschen, wenn sie sich an Momente erinnern, in denen sie Gewissheit in ihrem Glauben gespürt haben, vom Singen im Chor oder vom Hören bestimmter Musik erzählen. Musik ist das spirituelle Medium par excellence – nicht nur in unserer Zeit.«[42]

Machen Sie sich auf die Suche nach Ihrer Musik. Vielleicht versuchen Sie es mit einem Oratorium, in das Sie sich einhören. Viele Glaubenstexte, viele biblische Texte verstärken sich so auf ganz neue Weise.

Manche erschließen sich auch in der Vertonung auf ganz andere Art und Weise als beim reinen Lesen. Aufführungen gibt es in vielen Kirchen, nicht nur zur Weihnachtszeit. Oder Sie fragen nach einem Chor, in dem Sie mitsingen können. Die meisten Chöre freuen sich über neue Mitglieder, hier ist eine Gemeinschaftserfahrung und die Annäherung an die Musik gleichzeitig möglich. Ob es ein Gospelchor ist oder ein traditioneller Chor, die Freude am Singen, an der Musik, ist entscheidend. Oder Sie beginnen erst einmal, im Gottesdienst selbst mitzusingen, die Liturgie neu kennenzulernen, die Töne der Orgel zu hören als Teil der Verkündigung.

Jede Note entspringt der unendlichen Stille der Erde und sinkt wieder in unermessliche Stille zurück. Der elementare Austausch zwischen der Stille und der Musik der Natur verleihen der Erde einen Geist der Vertrautheit, der Intimität. Es existiert eine interessante Symmetrie zwischen der Stille der Erde und der Stille des menschlichen Körpers.
So wie die Musik des Winds und des Wassers das tiefe Schweigen der Erde bricht, so bricht der Klang des Worts das geheime Schweigen des Körpers ...
Es ist, als formten die Schönheit von Musik und Wort den tiefsten Traum der Stille. Für das menschliche Bewusstsein ist die Musik ein Wider-

hall der größten Herrlichkeit und der sublimsten Intimität der Seele ... Allerdings hängt dies damit zusammen, wie wir sie hören.

John O'Donohue

Mystik

Die Mystik ist uns heute vielleicht der fremdeste Zugang zur Spiritualität. Mich hat besonders fasziniert, dass mit Dorothee Sölle eine Protestantin, die ihr Leben lang stark dem politischen Engagement verpflichtet war, ihr Alterswerk zur Mystik geschrieben hat.[43] In vielen Beispielen macht sie deutlich, wie Mystik, dieses Geheimnis, diese »Sehnsucht nach Gott« Menschen überwältigen kann, zu tiefen religiösen Erfahrungen führt. Und gleichzeitig ringt sie darum, diese Mystik mit der Welt zusammenzuhalten.

Aber auch ein Theologe wie Manfred Josuttis hat sich in seinem Spätwerk dem »Heiligen« zugewandt, sich geöffnet für diese so ganz andere Dimension des Glaubens, die Erfahrungsdimension von Religion.[44]

Eine Annäherung an die Mystik gelingt wahrscheinlich am besten durch Texte.[45] Wer sie liest, ahnt, dass sie von einer tiefen, ja überwältigenden Gotteserfahrung gespeist sind. Und gleichzeitig ist gerade den Mystikerinnen und Mystikern offenbar besonders bewusst, wie begrenzt die Sprache ist, um ihre Gotteserfahrung in Worte zu fassen. Es ist daher schwer, Mystik zu definieren, einzugrenzen. Wahrscheinlich ist Mystik die radikalste Form des Sich-Einlassens auf den Weg der Spiritualität. Es gibt Menschen, die ihr Leben ganz der Mystik, der Gottesbegegnung widmen. Dorothee Sölle will eher ermutigen, »die eigenen Erfahrungen ernst zu nehmen, sie aufzubewahren, sie zu ›rahmen‹, wie wir es mit einem uns wichtigen Foto tun«[46]. Dabei eine Balance zu halten zwischen den eigenen Säulen und der mystischen Erfahrung, erscheint mir wichtig. Sonst ist jede Erfahrung von Ergriffenheit gleich eine mystische Erfahrung. »Wenn es eine christliche Mystik gibt, dann müsste es eine solche Mystik der Verschränkung von Innen und Außen sein ... Bei dieser Mystik werden also auch unsere Sinne nicht etwa ausgeschaltet, sondern vielmehr geschärft, sodass wir Augen bekommen zu sehen, staunend zu sehen, und Ohren zu hören, staunend zu hören.«[47]

Mystik wird auch als »cognitio dei experimentalis«, als Versuch der Erkenntnis Gottes definiert. Ihr Höhepunkt ist die »unio mystica«, die Vereinigung meiner Seele mit Gott, die sich in Ekstase ausdrücken kann. Diese Erfahrung wird vorbereitet durch einen Weg von innerer Reinigung und Umkehr, von Stille und Staunen. Von Verzückung und Entrückung ist in vielen Schilderungen die Rede. Ich nehme an, es ist der Eindruck von einem völligen Loslassen der Welt. Hier die biblischen Bezüge festzuhalten dürfte besonders schwer sein.

Nach meinem Verständnis ist Mystik ein Weg der Spiritualität, den ich nicht eben mal an einem Wochenende gehen kann, den ich auch nicht ausprobieren kann wie eine Strecke auf einem Pilgerpfad, den ich auch nicht in einem Kurs absolviere. Wer sich auf diesen Weg begeben will, muss im Grunde das ganze Leben neu ausrichten, was viele Jahre dauern kann. Wer diesen Weg nicht geht, kann doch teilhaben und staunen über die wunderbaren Texte und Gedanken, die Mystikerinnen und Mystiker mit uns teilen. Sie lassen uns etwas ahnen von den Möglichkeiten und Tiefen der Begegnung mit Gott.

Es begegnete mir, dass mich plötzlich
ein Gefühl der Gegenwart Gottes überkam,
sodass ich ganz und gar nicht zweifeln konnte,
Er sei in mir oder ich sei ganz in Ihn versenkt.
Dadurch wird die Seele so in Staunen versetzt,
dass sie ganz außer sich zu sein scheint.
Der Wille liebt, das Gedächtnis scheint mir
beinahe verloren,
der Verstand denkt, wie mir scheint, nicht nach,
verliert sich aber auch nicht,
sondern ist, wie gesagt,
nur untätig und vor Staunen hingerissen.
Teresa von Avila[48]

Pilgern

Pilgern ist für mich eine wunderbare Form, Bewegung und Spiritualität zu verbinden. Viele stehen dem Pilgern skeptisch gegenüber: Ist das nicht einfach eine Form von Wandern? Sind das nicht schlicht Spaziergänge, die jetzt neu betitelt und dadurch aufgewertet werden?

Pilgern unterscheidet sich vom Wandern durch die Ziele. Zum einen die äußeren Ziele: Wir pilgern auf Wegen, auf denen Christinnen und Christen lange vor uns bereits gegangen sind hin zu Klöstern, Grabstätten oder Kirchen. Zum andern durch das innere Ziel: Wir pilgern, weil wir unseren Glauben vertiefen wollen. Die Naturerfahrung, die Körpererfahrung und das Gespräch mit Gott oder über den Glauben helfen dazu. Pilgern ist ein »Gehen mit Gott«.

Nicht Buße oder die Erfüllung von Gelübden stehen heute beim Pilgern im Vordergrund wie im Mittelalter, aber doch heute wie damals die Sehnsucht nach einer Begegnung mit Gott. Auf dem Weg wird neu Glaube gesucht, viele hoffen wohl auch darauf, beim Pilgern weiter weg vom Alltag zu kommen und auf diese Weise näher bei Gott zu sein.

Einer der bekanntesten Pilgerwege ist der nach Santiago de Compostela. Viele Menschen sind ihn seit Jahrhunderten gegangen. Manche baten um Vergebung der Sünden, andere suchten sich selbst oder Gott. Es fasziniert mich, dass berühmte Schriftsteller ebenso wie ganz normale Menschen von diesem Weg bewegt sind.[49] Jüngst hat sogar ein Komiker wie Hape Kerkeling diese Pilgerreise unternommen. Seine Aufzeichnungen dazu sind durchaus tiefgründig, es geht ihm darum, »durch die Pilgerschaft zu Gott und damit auch zu mir zu finden«[50].

Zum Symbol für die Pilger ist die Jakobsmuschel geworden. Ihren Ursprung hat sie in einer Legende, wurde aber bald zum Nachweis der Pilgerreise nach Santiago. Als Pilgerzeichen hatte sie durchaus praktische Bedeutung: als Trinkgefäß, als Schale zum Essen oder auch als »Schweizermesser« für Pilger. Heute gilt sie als Zeichen auch für Pilgernde auf anderen Reisen als dem Jakobsweg.

Wenn Sie einen Pilgerweg gehen wollen, aber nicht gleich bis Spanien, können Sie beispielsweise eine oder mehrere Etappen auf dem neuen Pilgerweg von Volkenroda nach Loccum begehen, der insgesamt 300 Kilometer lang ist. Vom Zisterzienserkloster Volkenroda wurden zwölf Mönche auf diesen Weg geschickt und gründeten 1163 das Kloster Loccum. Jens Gundlach hat die einzelnen Streckenabschnitte in einem kleinen Buch beschrieben, sodass Sie sich aussuchen können, auf welcher Länge oder welchem Teilstück Sie das Pilgern für sich ausprobieren. Viele Kirchengemeinden am Pilgerpfad heißen die Pilgernden willkommen, bieten offene Kirchen und manches Mal auch ein Bett an. Im Grunde entwickelt sich der Pilgerpfad noch immer weiter, er aktualisiert sich selbst, wie unter www.pilgerprojekt.de nachzulesen ist.

Sie können diesen oder einen anderen Pilgerweg alleine gehen oder mit anderen, schweigend oder meditierend, redend oder singend. In dem Buch von Jens Gundlach[51] ist nachzulesen, was sich auf einem solchen Pilgerweg entdecken lässt: sakrale Kunst und die Nähe des Flusses, Menschen und Kirchen, Landschaften und auch der Mensch selbst, der die Natur neu erfährt, den eigenen Körper, der loslässt und aufbricht.

Pilger sind Sammler der Spuren Gottes.
Diese mit Leib, Seele, Geist und allen Sinnen zu
entdecken,
machen wir uns auf den Weg.
Der führt ins Freie und zugleich in Geborgenheit.
Er verlangt Verzicht und bietet Fülle.
Wir gehen ihn sportlich oder meditativ,
gesellig oder allein –
immer mit der Sehnsucht nach dem anderen Ufer.

Jens Gundlach[52]

Räume

Ich liebe Kirchen. Als Bischöfin sehe ich schon allein aus beruflichen Gründen sehr viele und sehr verschiedene. Dorfkirchen und Stadtkirchen, kleine Kapellen und große Kathedralen, romanische und barocke Bauten. Wie sehr zeigt sich doch in jeder Kirche die Liebe der Menschen zu Gott! Ja, manchmal sicher auch die Liebe zu sich selbst, etwa weil ein reiches Bauerndorf zeigen wollte, was es sich an Gotteshaus leisten kann. Oft aber gaben auch arme Menschen noch ihre letzten Groschen, weil an diesem Ort doch die Schönheit Gottes erfahrbar sein sollte mitten im oft trostlosen Alltag der Welt. Als ich mich einmal in Russland empörte, dass die Menschen so arm sind, aber die Kirche so golden und prachtvoll, sagte mir der Priester, das müsse ich anders sehen. Die Menschen freuten sich daran, dass hier Gott gefeiert wird in aller Pracht. Das helfe ihnen, mit der Tristesse ihres Alltags zu leben. Sie wollten nicht, dass das Gotteshaus dem Grau ihrer Wohnungen gleiche.

»Seht, die Hütte Gottes bei den Menschen«, heißt es

im Buch der Offenbarung, Kapitel 21. Dort wird beschrieben, wie es einst sein wird, wenn Gott mitten unter uns wohnt. Bis dahin ist jede Kirche sozusagen eine vorläufige Hütte Gottes bei den Menschen. Sie hält mitten im Dorf, mitten in der Stadt die Erinnerung wach an die großen Geschichten Gottes mit den Menschen. Sie steht als Gebäude für das ein, was Fulbert Steffensky als Aufgabe der Kirche insgesamt beschreibt: »Eine der politisch-spirituellen Grundaufgaben der Kirche ist die Überlieferung der Geschichten und Bilder von der Würde des Menschen. Dass das Leben kostbar ist, dass Gott es liebt, dass niemandem die Zukunft versperrt sein soll, dass wir zur Freiheit berufen sind, dass die Armen die ersten Adressaten des Evangeliums sind – das sagt, singt und spielt uns die christlich-jüdische Tradition in vielen Geschichten und Bildern vor. ... Somit wird Verkündigung und Einführung in die Bilder des Lebens zur zentralen Aufgabe der Kirche. Erinnerung an die Träume und Erinnerung an die Opfer – das schuldet die Kirche sich selbst und einer traumlosen Gesellschaft.«[53]

Wer eine Kirche betritt, spürt, dass dies ein besonderer Raum ist. Hier werden die alten Geschichten erzählt, die Bedeutung haben über mein Leben, meine Welt hinaus. Hier ist das Wissen zu Hause, dass Gott existiert, dass mein Leben Sinn macht und ich gehalten werde. Das Evangelium wird hier gelesen, alte

Texte von der Schöpfung, vom Volk Israel, Geschichten, die voller Geheimnisse sind und voller Weisheit. In Bildern werden sie festgehalten, nicht nur in Worten. Ich meine, es ist auch zu spüren, dass es durchbetete Räume sind. Menschen haben hier über die Jahrhunderte Glück und Leid vor Gott gebracht. Sie haben ihre Kinder zur Taufe gebracht oder sich einsegnen lassen bei Kommunion und Konfirmation. Sie haben die Eheringe miteinander getauscht, und sie haben Trauerfeiern für ihre Toten abgehalten. Und Sonntag für Sonntag wurde hier gebetet: Vater unser im Himmel... Das prägt einen Ort, einen Raum.

Diese Spiritualität geistlicher Räume ist auch im Kloster erfahrbar. Dass dort Menschen gelebt haben, die ihr ganzes Leben auf Gott ausgerichtet haben, gibt ihnen einen Atem von Respekt vor solcher Hingabe. Hier stehen nicht Macht, Ansehen und Geld im Mittelpunkt, sondern Gott, das Heilige.

Gewiss, Menschen haben dabei auch versagt, in manchem Kloster ging es dann doch um sehr menschliche und weltliche Dinge. Aber die Ahnung von dem, was wirklich wichtig ist, die Größe des ewigen Gottes, sie sind präsent.

Eine Kirche oder ein Kloster aufsuchen, um zu beten, um stille zu werden, um zu staunen oder auch, um etwas zu lernen über den Glauben der Menschen vor uns, kann eine bewegende Erfahrung sein. Oft erzäh-

183

len die Altäre Glaubensgeschichten, diese Bilder, die Menschen die Geschichten der Bibel lehrten, bevor sie selbst lesen konnten oder als die Bibel in einer Sprache weitergegeben wurde, die sie nicht verstanden.

In unserer Zeit erschließt die Kirchenpädagogik diese Räume ganz neu als Orte der Spiritualität. Kinder, Jugendliche und Erwachsene können wahrnehmen, mit welcher Liebe, mit wie vielen Gedanken, mit welchen ästhetischen, liturgischen, symbolischen Umsetzungen des Glaubens sie geschaffen wurden.

»*Diese Räume laden zu dem ein, was sie sind: ›Performance des Himmlischen und Weltlichen‹. Ihr Begehen wird zur Begehung von Sinn. Wer sie verstehen will, muss sie zumindest ansatzweise so gebrauchen. Kirchenerkundungen erreichen dort ihr Ziel, wo – ohne dass dies zu erzwingen ist – die Lebensgeschichte des Individuums und die inhaltliche Überlieferung des Raumes sich spannend und spannungsvoll begegnen. Überschwang und Glück, Not und Verzweiflung sollen benannt werden können und Ausdruck finden.*

Kirche als Feststätte, Klagemauer und Darstellungsort von Vision und Utopie.... Kirchenbauten bringen zur Sprache, was nur sie zur Sprache bringen können. Sie stehen heute weithin fremd in ihrer sie bedrängenden Umgebung. Aber diese widerständige Befremdlichkeit ist um unseres Lebens willen wichtig.«[54]

Rituale und Rhythmen

Spiritualität kann im Alltag auch dadurch Realität werden, dass ich den Jahresrhythmus ganz bewusst lebe. Zum einen den Rhythmus, den die Natur vorgibt: das Erblühen im Frühling, die Zeit des Sommers und die Zeit der Ernte, die Zeit der bunten Blätter und die Zeit des Winters, der Kälte. Vor allem aber durch den Rhythmus, der diese Jahreszeiten verknüpft mit christlichen Festen und Gedenktagen, mit Ritualen und Themen.

Ich möchte Sie ermutigen, das Kirchenjahr ganz bewusst zu leben. Es beginnt am ersten Advent. Wir zünden eine Kerze an, der erste Schritt auf dem Weg zur Krippe. Langsam, Woche für Woche erleuchtet sich das Haus. Die Sterne, die Engel, der Barbaratag, der Nikolaustag, der Weihnachtsbaum – das alles hat tiefe Bedeutung. Da geht es nicht nur um Feste für Kinder, sondern um eine Festzeit für Menschen. Mit der Aktion »Advent ist im Dezember« versuchen wir, Menschen neuen Zugang zu den Ritualen und Bräuchen zu vermitteln.[55] Auch Advents-Kalender, etwa »Der andere

Advent« oder »Advent ist im Dezember. Der Advents-Kalender« können eine wunderbare Begleitung sein, um die Adventszeit bewusst wahrzunehmen und täglich einige Minuten Stille zu halten.

Der Weihnachtsfestkreis zieht sich bis zum 6. Januar, Epiphanias oder auch Fest der Heiligen Drei Könige genannt. Es wird deutlich, wer dieses Kind ist – Gottes Sohn. Nach der Epiphaniaszeit kommt die Passionszeit. In vielen Gegenden wird der Karneval besonders gefeiert, am Aschermittwoch endet er und geht über in die siebenwöchige Passionszeit. Sie wird als Fastenzeit von vielen Menschen besonders wahrgenommen (vgl. S. 150 ff.).

Ostern ist das höchste Fest der Christenheit. Es beginnt am Karfreitag, dem Tag des Todes und der Trauer. Den Höhepunkt bildet der Jubelruf am Ostermorgen: »Der Herr ist auferstanden. Er ist wahrhaftig auferstanden, Halleluja!« Himmelfahrt begehen wir als Tag des Nachdenkens über die Abwesenheit Gottes. Jesus Christus ist beim Vater, aber doch bleibt er uns nicht fern. Gottesferne und Gottesnähe müssen verkraftet werden. Wir können nicht gleich folgen, wir sind auf die Erde gewiesen, mitten in der Welt sollen wir Zeuginnen und Zeugen Gottes sein.

An Pfingsten kommt die Erfahrung: Gott ist bei uns! Wir schmücken das Haus mit Zweigen, mit Grün für diese Lebendigkeit und Hoffnung, dass Gottes Geist in diesem Leben begleitet. Dieses Pfingstfest läutet die Trinitatiszeit ein, die uns begleitet in den Maigesängen, vielen Sommerfesten, der Freude über Gottes Gegenwart. Sie endet mit dem Erntedankfest im Oktober, an dem wir die Gaben Gottes bewusst wahrnehmen. In den Kirchen sind die Altäre an diesem Tag geschmückt mit den Früchten der Erde, eine Mahnung auch, die Schöpfung zu bewahren.

Der November ist die Zeit der Trauer und des Totengedenkens. Am Volkstrauertag wird der Toten der Kriege auf dieser Welt gedacht. Das ist auch die Zeit der Friedensdekade, die an vielen Orten bewusst gestaltet wird. Es folgt der Buß- und Bettag, an dem wir unsere eigene Schuld, aber besonders auch die Schuld unseres Volkes vor Gott bringen. Und dann kommt der Totensonntag oder Ewigkeitssonntag. Wir erinnern uns an die Menschen, die im vergangenen Jahr verstorben sind. In vielen Gemeinden werden die Verstorbenen des Ortes namentlich verlesen. Und wir finden Trost darin, dass es in der Bibel heißt: »Ich habe dich bei deinem Namen gerufen, du bist mein.« (Jesaja 43,1)

Das ist nur ein Ausschnitt aus den Ritualen. Ich finde, in Deutschland passen sie auch so wunderbar zum Rhythmus der Natur. Sie einzuhalten, auch warten zu können und nicht schon im August mit den Nikoläusen zu beginnen, tut gut – der Seele wie einer Gesellschaft. Wer alles immer und gleichzeitig hat, hat gar nichts mehr. Das ist in der Tat ein kollektives Burn-out-Syndrom.

Gliedern Sie persönlich Ihr Jahr nach diesen Ritualen. Viele werden Sie neu entdecken, vielleicht mit der ganzen Familie. Zudem gibt es besondere Zeiten, die wir an Personen festmachen: Ich denke etwa an das Bonhoeffergedenken im Jahr 2006 oder an das Elisabethjahr 2007 in Erinnerung an Elisabeth von Thüringen. In jedem Fall: Es tut gut, dem Leben Rhythmus zu geben, besondere Zeiten zu kennen, sich vorzubereiten, abzuwarten, Erfahrungen mit Genuss und mit Fasten, mit Vorfreude und mit Warten zu machen. Gerade hier geht es um eine Spiritualität des Alltäglichen. Sie schenkt uns bewusst gelebte Zeiten, durch die uns Bibel und Tradition begleiten können.

Der Tag ist um, die Nacht kehrt wieder,
auch sie, o Herr, ist deine Zeit.
Dich preisen unsre Morgenlieder,
dir sei die Stille nun geweiht.
Wie über Länder, über Meere
der Morgen ewig weiterzieht,
tönt stets ein Lied zu deiner Ehre,
dein Lob, vor dem der Schatten flieht.
Kaum ist die Sonne uns entschwunden,
weckt ferne Menschen schon ihr Lauf,
und herrlich neu steigt alle Stunden

die Kunde deiner Wunder auf.
So mögen Erdenreiche fallen,
dein Reich, Herr, steht in Ewigkeit
und wächst und wächst, bis endlich allen
das Herz zu deinem Dienst bereit.

(EG 490)

Schöpfung

Der Jubel der Schöpfung wird in der Bibel oft beschrieben. Die Berge jauchzen, die Quellen sprudeln zum Lobe Gottes. Dem naturentwöhnten Stadtmenschen des 21. Jahrhunderts fällt es manches Mal schwer, das nachzuvollziehen. Und doch ist der Weg, Schöpfung zu erleben, ja gar nicht weit. Dazu muss ich nicht gleich weite Reisen unternehmen. Ein Waldrand ist für jeden Menschen im Land erreichbar. Dort tief zu atmen, das Rauschen zu hören, wahrzunehmen, wie Wachsen und Vergehen ohne unser Zutun verläuft, das kann erhebend sein.

Es geht um Staunen, Innehalten, um bewusstes Wahrnehmen. Auch in unserer hochtechnisierten Welt gibt es die Erfahrung, überwältigt zu sein von einem Sonnenuntergang, berührt zu werden vom Anblick eines Regenbogens, die große Macht eines Gewitters zu erleben. So mancher Mensch hat in derartigen Naturerlebnissen an Gott gedacht, sich Gott nahe gefühlt, ein Gebet gesprochen.

Jesus hat die Natur oft als Gleichnis genutzt. Das berühmteste ist wohl: »Schaut die Lilien auf dem Feld an, wie sie wachsen: sie arbeiten nicht, auch spinnen sie nicht. Ich sage euch, dass auch Salomo in aller seiner Herrlichkeit nicht gekleidet gewesen ist wie eine von ihnen.« (Matthäus 6, 28 f.)

Tosendes Wasser, mächtige Feuer, Stürme auf dem Meer – die Natur gibt in der Bibel immer wieder Bilder für Gottesbegegnungen. Und auch heute kann sie der Ort sein, an dem wir Gott finden. Dabei bin ich entschieden der Meinung, dass dies nicht die Alternative zum Gotteshaus ist nach dem Motto: Ich geh lieber allein in den Wald, um Gott zu finden, als in die Kirche. Die Kirche ist der öffentliche Ort der Gemeinschaft, unser gemeinsamer Gottesdienst ist tragende Säule des Glaubens. Und doch kann es eine Erfahrung Gottes in der Schöpfung und durch die Schöpfung geben. Ganz wie Paul Gerhardt es in Worte gefasst hat:

Geh aus, mein Herz, und suche Freud,
in dieser lieben Sommerzeit
an deines Gottes Gaben;
schau an der schönen Gärten Zier
und siehe, wie sie mir und dir
sich ausgeschmücket haben. (EG 503)

Das Lob der Schöpfung wird zum Schöpferlob. Auf eine Weise, die viele Menschen beeindruckt hat, wurde

das von Franz von Assisi in seinem »Sonnengesang«
formuliert:

> *Gelobt seist du, Herr, mit allen Wesen,*
> *die du geschaffen,*
> *der edlen Herrin vor allem, Schwester Sonne,*
> *die uns den Tag heraufführt und Licht*
> *mit ihren Strahlen,*
> *die Schöne, spendet; gar prächtig in*
> *mächtigem Glanze:*
> *Dein Gleichnis ist sie, Erhabener.*

Die Sonne ist Franz von Assisi Gleichnis des Schöpfers, mit ihr wird der Schöpfer gelobt. Gleiches gilt für
ihn, den Mönch im 13. Jahrhundert, für »Bruder Wind
und Luft« oder für »Schwester Quelle«. Sein Gebet atmet die Erkenntnis, wie durch die Wahrnehmung der
Schöpfung Gott ins Bewusstsein kommt. Daraus fließt
in der Konsequenz ein bewusster Umgang mit dieser
Schöpfung.

Lassen Sie sich ermutigen zu einem Erleben der
Natur. Viel zu oft sehen wir gar nicht hin, wenn sich
die Blätter färben, wie unendlich schön eine Muschel
ist, wie das Meer unser Herz bewegt, welch ein wun-
derbares Geräusch ein Rauschen in den Bäumen ist.
Viel zu oft werden die Töne der Schöpfung übertönt in
unserer Zeit.

Erblickt die Seele etwas Schönes und Liebliches,
denke sie, wie schön und liebenswert und gut
derjenige ist, der dies gemacht hat,
und so lenke sie schnurstracks zu Ihm,
der alles erschuf.
Hört sie eine süße Melodie oder sonst etwas,
was sie begeistert, denke sie:
ach, wie überlieb wird die Stimme dessen sein,
der Dich einst rufen wird,
aus dem jede Anmut und jeder Wohlklang der
Stimme ausging.
Und so soll sie Ihn in allen Dingen so lange suchen,
bis sie etwas Leises verspürt von der Süßigkeit
Gottes.
Und an welcher Kreatur sie immer sich ergötze,
stets behalte sie Gottes Wonnen im Gedächtnis,
der all dies Schöne, Erfreuliche und Bezaubernde
uns dazu erschuf,
dass Er alle zur Erkenntnis
und zur Liebe seines Gutseins
heranlocke und hinbewege.

Mechthild von Hackeborn[56]

Schweigen

Schweigen ist für viele eine schwere Übung geworden. Immer und immer wieder fassen wir in Worte,
reden über vieles, auch über viel Überflüssiges. Schweigen ist schwer zu lernen. Es gibt auch Menschen, die
zu viel schweigen, weil sie einsam sind, weil niemand
mit ihnen spricht. Solches Schweigen ist wohl kaum je
eine spirituelle Erfahrung. Es geht vielmehr um eine
bewusste Entscheidung, für eine bestimmte Zeit nicht
zu sprechen, einmal einen Tag ganz allein zu verbringen, schweigend beispielsweise. Eine solche Entscheidung führt oft auch zu tieferer Selbstreflexion. Wir hören auf, alles ständig und dauernd in Worte zu fassen,
wir sind bei uns selbst.

Bernhard von Clairvaux hat in einem Brief an Papst
Eugen III., einen ehemaligen Mönch (beide lebten im
12. Jahrhundert), diesem geraten, er solle sich nicht nur
anderen widmen. Er schreibt:

*»Wie kannst du aber voll und echt Mensch sein, wenn
du dich selbst verloren hast? Auch du bist ein Mensch.
Damit deine Menschlichkeit allumfassend und vollkom-*

men sein kann, musst du also nicht nur für alle ande-
ren, sondern auch für dich selbst ein aufmerksames Herz
haben. Denn was würde es dir sonst nützen, wenn du –
nach dem Wort des Herrn (Matthäus 16,26) – alle ge-
winnen, aber als Einzigen dich selbst verlieren würdest?
Gönne dich dir selbst. Ich sage nicht: Tu das immer, ich
sage nicht: Tu das oft, aber ich sage: Tu es immer wieder
einmal. Sei wie für alle anderen auch für dich selbst da,
oder jedenfalls sei es nach allen anderen.«

Nach meiner Erfahrung hilft Schweigen auch, in diesem Sinne zu sich selbst zu finden. Es nimmt mich heraus aus allem Anspruch anderer, auf sie zu reagieren,
in Worte zu fassen, was in mir vorgeht, zu kommentie-
ren, zu agieren. Das kann eine Stunde des Schweigens
sein, die ich mir gönne. Oder ich finde eine kurze Zeit
des Ruhigseins, etwa wenn ich eine Kirche zum Gebet
aufsuche. Schweigen kann Teil einer Reise sein, es kann
eine Meditation begleiten, die Reflexion eines Bibelver-
ses, die heilsame Unterbrechung des Alltags bedeuten
oder ein bewusstes eigenes Ritual werden.

Immer öfter werden auch Schweigeseminare in Klöstern angeboten. Viele Menschen erzählen, wie schwer
es ihnen fiel, dieses Schweigen neu zu lernen. Aber sie
machen stets die Erfahrung, dass es ihnen gutgetan hat.

Menschen, die Zeiten des Schweigens kennen, werden auch bewusster im Reden. Wer einmal das Gerede
mancher Talkshow ansieht, wo einfach dahergeplap-

pert wird, ohne Worte bewusst zu wählen, dem wird deutlich, wie inhaltsleer vieles Reden ist. Schweigen macht auch Reden bewusster.

Ob nun ein Moment, eine Stunde, ein Tag oder eine längere Erfahrung des Schweigens, es ist in jedem Fall ein Ausbrechen aus dem Alltag der Rederei. Schweigen kann uns Gott näher bringen, Gottes Geist wahrnehmen lehren, schlicht erst einmal Raum für spirituelle Erfahrung geben.

> *So wohl bekam das Schweigen mir,*
> *dass ich in einen besonderen Frieden gesetzt wurde,*
> *wenn ich schwieg,*
> *indem ich alle Widrigkeit mit Gnade überwand.*
> *Ich bin auch gern allein*
> *und es verdrießt mich, irgend äußerliche Dinge*
> *hören zu müssen.*

Margarethe Ebner[57]

Segen

Ich will dich segnen ... und du sollst ein Segen sein«
(1. Mose 12,2), sagt Gott zu Abraham, als er ihn auf
den Weg schickt. Das macht die doppelte Bewegung
von Segen deutlich: Wir bitten um Gottes Segen und
wir segnen andere, werden für andere zum Segen. Segen
bedeutet Zuwendung zu Gott, Zusage der Begleitung
Gottes, die wir erfahren und an andere weitergeben.

Viele Segensformeln gibt es. Der bekannteste Segen
ist der so genannte Aaronitische Segen. Er wird so genannt nach Aaron und seinen Söhnen, denen Mose
mitteilen soll, auf welche Weise sie die Israeliten segnen
sollen: »*Der Herr segne dich und behüte dich; der Herr
lasse sein Angesicht leuchten über dir und sei dir gnädig;
der Herr hebe sein Angesicht über dich und gebe dir Frieden.*« (4. Mose 5,24 ff.) Wir sprechen diesen Segen in
der Regel am Ende eines Gottesdienstes der ganzen Gemeinde zu. Menschen erhalten so die Zusage von Gottes Geleit, Stärkung für den Alltag, in den sie nach dem
Gottesdienst wieder hineingehen. Viele Menschen erleben Segen auch als Behütung und Bewahrung. Seit ich

Bischöfin bin, segne ich öfter, als ich gesegnet werde. Aber ich merke, wie gut es mir tut, wenn mir selbst Segen zugesagt wird.

Segnen wir im Gottesdienst eine Gemeinde, eine größere Gemeinschaft, so wird uns auf unserem Lebensweg immer wieder auch ganz persönlich Segen zugesprochen. Ich denke an den Segen bei der Taufe, bei der Kommunion oder Konfirmation, bei der Trauung oder an die Aussegnung für Verstorbene. Inzwischen gibt es auch Segnungsgottesdienste, bei denen Menschen einzeln vortreten können und ihnen eine Hand zum Segen aufgelegt wird. Manchmal werde ich auch nach einem Gottesdienst um einen solchen individuellen Segen gebeten. Es gibt Menschen, die etwa einen persönlichen Reisesegen erbitten oder sich wünschen, vor einem Krankenhausaufenthalt gesegnet zu werden.

Doch Segnen ist nicht auf Gottesdienste beschränkt. Wir können einander einen Reisesegen zusprechen. Das habe ich beispielsweise in Flughafenkapellen erlebt, wenn ein Familienmitglied auf eine lange, weite Reise geht. Da hat die Familie gemeinsam Segen für den Reisenden erbeten. In einem Hospiz habe ich erlebt, dass eine Frau befreit sterben konnte, nachdem ich ihr Gottes Segen zugesprochen hatte. Wir können einander Segensverse schicken, viele, besonders Segensworte in irischer Tradition, sind heute sehr beliebt.

Segen ist insofern eine spirituelle Erfahrung, als wir

unser Leben erfahren können als getragen von Gott und der Liebe anderer Menschen. Dass uns zugesagt wird, in Gottes Segenskreis zu stehen, gibt uns Kraft in schweren Zeiten. Es kann heilsam sein, diesen Segen wahrzunehmen mit tiefstem Herzen. Es geht im Segen »um das Leben in Fülle in allen Dimensionen menschlicher Existenz«[58].

Überlegen Sie, wen Sie gern segnen würden, wer vielleicht sehr auf eine Segenszusage wartet. Gerade kranken, einsamen oder sterbenden Menschen kann ein solcher Zuspruch sehr gut tun. Oder nehmen Sie bewusst den Segen im Gottesdienst wahr. Wenn Sie eine besondere Situation vor sich haben, überlegen Sie, wer Sie segnen könnte. Sie können einen Pfarrer oder eine Pfarrerin darum bitten, aber segnen kann Sie auch jeder andere Christ, jede andere Christin.

Segen aus Afrika

Der Herr segne dich.
Er erfülle deine Füße mit Tanz
und deine Arme mit Kraft.
Er erfülle dein Herz mit Zärtlichkeit
und deine Augen mit Lachen.
Er erfülle deine Ohren mit Musik
und deine Nase mit Wohlgerüchen.

Er erfülle deinen Mund mit Jubel
und dein Herz mit Freude.
Er schenke dir immer neu
die Gnade der Wüste:
Stille, frisches Wasser und neue Hoffnung.
Er gebe uns allen immer neu die Kraft,
der Hoffnung ein Gesicht zu geben.
Es segne dich der Herr.

Stille

In unserer Welt ist Stille selten erfahrbar. Geräusche bestimmen den Alltag. Der Verkehr, Radio, Fernsehen, Telefon sind allgegenwärtig. Geradezu bedrängend erscheint oft, wenn Geräusche auch noch gemischt werden. Während des Einkaufens läuft Musik im Hintergrund, mitten im Verkehr rufen Marktschreier, bei laufendem Fernseher wird der Staubsauger angeworfen, bei der Arbeit dudelt das Radio.

Viele suchen Stille in der Natur. Und das gibt es ja auch heute bei uns. Beim Anhalten auf einer Radtour an der Elbe habe ich das kürzlich erlebt: ein plötzliches Wahrnehmen vollkommener Stille, durchbrochen nur von einem Hauch der Luft oder dem Zwitschern eines Vogels. Da habe ich erst gemerkt, wie selten ich das erfahren kann. Ein solches Erlebnis erinnert mich an die Erfahrung des Elia, der sich in einer Felsspalte verbirgt. Es wird erzählt, dass Gott sein Vorübergehen ankündigt. Aber weder im Sturm noch im Erdbeben noch im Feuer ist Gott, sondern in einem stillen, sanften Sausen (1. Könige 19,12). Ja, Gott kann im Leisen und

Zarten zu finden sein, während viele Menschen das Göttliche gerade im Mächtigen und Starken, im gewaltigen Donnergrollen oder lauten Tosen suchen.

Wenn wir Stille zulassen, machen wir Gotteserfahrungen möglich. Nichts lenkt uns ab. In die Stille können wir nicht springen wie in einen Pool. Wir müssen langsam zur Stille finden, uns in die Stille einüben. Stille gelingt nur durch eigenes Schweigen. Aber anders als bei meinem eigenen Schweigen setzt sie auch das Schweigen der anderen voraus. Ich muss Stille finden in Absprache mit anderen oder an einem Ort der Stille. Dieser besondere Ort muss ermöglichen, dass ich all die vielen Geräusche des Alltags abhalten kann. Ich kann Stille nicht mitten in Hannover oder München finden, nicht am menschengefüllten Strand auf Mallorca. Die Natur bietet Stille. In Kirchen kann ich Stille erfahren. Aber kein anderer Ort ist wohl so geeignet wie ein Kloster. Diese klösterlichen Räume sind für die Stille geschaffen, ja sie atmen Stille. Ich habe erlebt, dass selbst Touristen, die in ein Kloster zur Besichtigung kommen, die Stimme senken, leiser werden, weil sie spüren: Dies ist ein Ort der Stille. Das ist selbst in Kirchen zu erleben. Auf solche Weise entsteht Andacht allein durch die Ausstrahlung der Räume.

Jesus selbst ging in die Wüste, so erzählt es die Bibel, um Klarheit über den eigenen Weg zu finden. Es wird auch erzählt, dass er sich von den Jüngern entfernte, etwa auf einen Berg stieg oder im Garten Gethsemane wachte, um mit Gott zu sprechen. Dieses Weggehen aus dem Alltag, manchmal auch ein Sich-Entfernen von Menschen, die wir lieben, kann wichtig sein, um zu sortieren, um zwischen wichtig und unwichtig neu zu unterscheiden, um Gott und unserem Glauben Raum zu geben.

Viele Menschen, die mit der Stille bewusst spirituelle Erfahrungen sammeln, erleben, dass sie diese Schritt für Schritt finden können. Stille kann auch unruhig machen, zu viel werden. Deshalb ist es gut, sich anleiten zu lassen, Wege in die Stille zu finden – und auch wieder hinaus! Oder sich selbst auf einen Weg zu begeben, tastend und suchend. Niemand sollte plötzliche Stille auf längere Zeit erzwingen. Das kann beängstigend sein oder auch bedrückend, es kann Einsamkeitsgefühle auslösen oder Beklemmung. Aber Zeiten der Stille etwa in den Ablauf eines Tages oder einer Woche einbauen, das kann uns helfen auf der Suche nach Vertiefung unseres Glaubens. Wie beim Schweigen gilt es, den eigenen Zugang zu finden, den eigenen Rhythmus, die eigene Form und Zeit.

Die Stille

Alles Große
Kommt aus der Stille.
Große
Suchten Stille.
In der Wüste
Wurden sie geformt:
Moses, Jesus, Paulus.

Mönche sammelten
In Klöstern
Die Stille ein.
Ihre Handschrift,
ihr Choral, ihre Arbeit
Dauert.

In der Stille wächst ein Mensch
Im Mutterleib heran.
In der Stille finden
Menschen zueinander.
In der Stille zieht
Das unendliche Geheimnis,
Das tiefste Du,
Den Menschen an.
In der Stille der Nacht
Rang Jakob mit Gott.

Martin Gutl

Tanz

Bei einem Kirchentag war ich eingeladen zu einem Podium zum Thema Spiritualität. Ich landete in einer Veranstaltung, in der ich mit 7000 anderen Menschen Liturgie tanzen sollte. Nun ist die Gabe des Tanzes wahrhaftig nicht das größte Geschenk, das mir Gott mit auf den Weg gegeben hat. Und doch hat mich dieser Nachmittag bewegt im wahrsten Sinne des Wortes. Ich bin mir sehr bewusst, wie kritisch ein solcher Zugang beäugt wird nach dem Motto: Lauter Frauen mit bunten Bändern! Aber das ist ängstlich und kurzsichtig zugleich. Unser Körper ist ein Geschenk Gottes. Und diesen Körper erfahren, bewegen, mit Gesten ausdrücken, was unser Schmerz ist oder unser Glück, das kann eine wunderbare Gotteserfahrung sein. Nein, das ist nicht lächerlich, das ist Spiritualität, gelebter und erfahrener Glaube.

Ich wünsche mir, dass wir die Bewegung, die Freude an ihr neu entdecken. Das ist ja durchaus ähnlich wie beim Sport. Auch er spielt in der Kirche eine eher abgewertete Rolle. Dabei ist unser Körper eine Möglichkeit, um auszudrücken, wie wir Gott lieben, wie wir trauern, wie wir lieben. Gesten sind eindrückliche Zeichen. Längst haben das Kommunikationsexperten entdeckt und dafür gesorgt, dass beispielsweise unsere Bundeskanzlerin nach einem Handkuss des französischen Staatspräsidenten nicht irritiert ist, sondern ihm leicht die linke Hand auf den rechten Oberarm legt, um Gleichrangigkeit zu signalisieren – das muss erst einmal jemand herausfinden! Dies soll nicht ironisch sein, sondern die Bedeutung von Körperhaltungen und Gesten unterstreichen.

Zudem möchte ich ermutigen: Körperlichkeit ist nicht unchristlich. Sport ist nichts Unchristliches. Der Körper soll nicht vergöttlicht werden, aber durch Sport lernen wir bewusstes Wahrnehmen unseres Körpers als Geschenk Gottes. Manchmal beim Laufen spüre ich etwa, wie der Rhythmus des Atmens, der Schritt auf Schritt folgen lässt, auch hilft, loszulassen, leer zu werden, frei zu werden für neue Gedanken und Erfahrungen.

Und auch der Tanz kann dazu beitragen. Wenn ich in Kindertagesstätten Kinder erlebe, die zu einem Lied mit Bewegungen und Gebärden Gottes Liebe ausdrücken, ist das sehr bewegend. Sie tun das unbefangen und mit Inbrunst. Bei Erwachsenen wird Ähnliches oft kritisch beäugt. Aber wie wunderbar ist es, Gesten zu kennen für die Freude wie für den Schmerz! In orientalischen Kulturen sind solche Gebärden offenbar wesentlich selbstverständlicher und kulturell verwurzelt und eingeübt: das Schlagen der Hände gegen die Brust vor Schmerz etwa oder das Recken der Arme gen Himmel.

Christentum und Tanz, Liturgie und Körper dürfen einander nicht ausschließen. Viel zu oft ist unsere Religion und die gottesdienstliche Feier kopflastig, wir hören einen Pastor, der von Schmerz spricht, als ob er eine Abkündigung vorliest, oder wir hören einen Text, der Freude in Worte fasst, aber die Stimme vermittelt Gleichgültigkeit. An solchen Punkten Gesten einzuführen, das kann Inhalte lebendig machen. Scheuen wir uns nicht! Jesus Christus hat mit Gesten viel bewegt. Als er etwa die Kinder herzte und als Vorbild zeigte, musste auch er in die Knie gehen.

Ob Sie Ihren eigenen Tanz finden?[59] Sie können Gottesdienste suchen, die das ermöglichen. Es kann aber auch gut sein, das selbst einzuüben. Wie könnten Sie Freude über Gott ausdrücken? Welche Gebetsgeste ist für Sie hilfreich? Und welche Haltung nehmen Sie ein bei Trauer und Schmerz?

Der Herr des Tanzes[60]

Ich tanzte, als die Welt im Schöpfungsmorgen stand,
ich tanzte, als der erste Sonnenstrahl die Erde fand;
ich tanzte hervor aus Gottes Ewigkeit
und spielte als Kind in der Erdenzeit.

Tanz nur, wo immer du auch bist,
König des Tanzes bin ich, spricht Christ.
Ich führe den Reigen hinan zu Gottes Thron;
denn ich bin des Vaters ewiger Sohn.

Ich tanzte vor des Volkes hoher Obrigkeit;
sie stießen mich zurück in ihrer Geistesdunkelheit;
ich tanzte vor den Armen und den Fischersleut;
sie folgten mir; sie folgen noch heut.

Tanz nur, wo immer du auch bist,
König des Tanzes bin ich, spricht Christ.
Ich führe den Reigen hinan zu Gottes Thron;
denn ich bin des Vaters ewiger Sohn.

Ich tanzte am Sabbat,
und der Lahme ward gesund;
da hassten sie mein Volk
und planten meine Todesstund.
Sie schlugen mich ans Kreuz

und höhnten meinen Todesschrei
und brachten bitteren Trank herbei.

Tanz nur, wo immer du auch bist,
König des Tanzes bin ich, spricht Christ.
Ich führe den Reigen hinan zu Gottes Thron;
denn ich bin des Vaters ewiger Sohn.

Ich tanzte am Karfreitag,
bis die finstre Nacht brach ein;
die Felsen barsten,
und das Licht ward schwarz vom Höllenschein;
sie trugen mich zu Grabe,
weil der Reigentanz war aus;
doch ich tanzte durch des Todes Haus.

Tanz nur, wo immer du auch bist,
König des Tanzes bin ich, spricht Christ.
Ich führe den Reigen hinan zu Gottes Thron;
denn ich bin des Vaters ewiger Sohn.

Sie schlugen mich zu Boden,
doch ich tanzte hoch hinaus;
das Sterben ward vernichtet
durch des Tanzes Siegeslauf.
Mein Tanzen lebt in jedem,
der in meinem Reigen ist;
denn ich bin des Tanzes Herr, spricht Christ.

Tanz nur, wo immer du auch bist,
König des Tanzes bin ich, spricht Christ.
Ich führe den Reigen hinan zu Gottes Thron;
denn ich bin des Vaters ewiger Sohn.

Sydney Carter

Nachwort

Dieses Buch beschreibt eine kleine Erkundungsfahrt, die besonderen Fragen nachgeht: Wie nähern wir uns Spiritualität an? Wo gibt es festen Boden unter den Füßen? Welche Spannungen müssen wir bewusst wahrnehmen? Welche Möglichkeiten können wir erfahren?

Für mich war die Arbeit an diesem Manuskript begleitet von einer persönlichen Erkundung. Im Sommer und Herbst 2006 habe ich aufgrund einer eigenen Erkrankung sehr bewusst darüber nachdenken können und müssen, wo denn Halt zu finden ist, wenn die großen Lebensfragen nicht Theorie bleiben, sondern sehr handfest werden im eigenen Leben. Mich hat das beim Lesen, Überlegen und Schreiben darin bestätigt, dass wir Halt finden in der Tradition, in Bibel, Gebet, Gottesdienst und Gesangbuch, wie ich das im ersten Teil beschrieben habe.

Vieles andere ist möglich, ich werde immer dafür eintreten, dass Menschen in unserer Kirche eigene Wege suchen können und Neues Raum findet. Aber

Gottvertrauen fällt nicht vom Himmel. Und wenn eigene Worte versagen, ist auf die Worte der Glaubenserfahrung Verlass. Oder auf eine Melodie, die schon getröstet hat, als ich noch nicht geboren war.

Bei einer öffentlichen Diskussion in Leipzig sagte kürzlich ein junger Mann heftig: »Wie sollen mich denn Ihre uralten Texte und Ihre ollen Lieder und Ihre muffigen Gottesdienste ansprechen?« Er ist 27 und auf der Suche nach Glauben. Sonst wäre er nicht bei dieser Veranstaltung mit einer Bischöfin gewesen. Und ich denke, wir müssen ihm ein Angebot machen. Aber wir können auch nicht alles medien- und mundgerecht zurechtstutzen. Glaube braucht Zeit, ein Einlassen, eine Suche. Jemand sagte: »Die Kirche ist das Fitnessstudio für die Seele.« Das ist sicher verkürzt und salopp, aber es ist ein wichtiger Hinweis. Für das Fitnessstudio nehmen viele Menschen sich viel Zeit, und es kostet sie durchaus Geld. Diese Zeit, braucht auch unsere Seele. Glaube lässt sich nicht anknipsen wie eine elektrische Glühbirne. Er wächst über die Lebensjahre, über die Erfahrungen mit Gott und auch durch unsere tiefen Täler, durch Tränen und Verzweiflung. Wir müssen unserer Seele Raum geben und unserem Glauben Zeit.

Ich wünsche den Leserinnen und Lesern den Mut, sich einzulassen. Die biblischen Texte, die Lieder und Gebete unseres Glaubens, sie geben uns Wegweisung.

Mir klang in diesem Herbst immer wieder Paul

Gerhardts »Befiehl du deine Wege« im Ohr. Und ich habe die Stille gesucht.

Für andere sind es ganz andere Texte oder Melodien oder Geschichten und Formen. Wir müssen sie aber erst einmal kennen, damit sie unser Herz bewegen können, wir müssen uns zunächst einlassen, damit wir uns finden lassen. In der Freiheit der Kinder Gottes werden wir unseren eigenen Glaubensweg gestalten. Gott wird uns auf diesem Weg begleiten, der Stern, der die Weisen aus dem Morgenland nach Bethlehem führte, kann auch uns leuchten.

Eins ist deutlich: Wir können nie tiefer fallen als in Gottes Hand. Aber um das zu erfahren, müssen wir uns auch selbst auf den Weg machen, Gott zu erfahren, Gott kennenzulernen. Das ist der Weg der Spiritualität. Wie heißt es in einem Gesangbuchlied: »Er selbst kommt uns entgegen, die Zukunft ist sein Land.« (EG 395)

In diesem Sinne wünsche ich allen Leserinnen und Lesern Gottesbegegnungen in der Gemeinschaft der Kirche und auf eigenen spirituellen Wegen.

Anmerkungen

1 Vielfältige Anregungen finden sich in: Evangelischer Erwachsenen-katechismus, Gütersloh 2000 (6. Auflage), S. 739 ff.

2 Evangelische Spiritualität, Gütersloh 1979, S. 10 f.

3 Fulbert Steffensky, Schwarzbrotspiritualität, Stuttgart 2005, S. 17 f.

4 Vgl. z. B. Peter Zimmerling, Evangelische Spiritualität, Göttingen 2003; Manfred Josuttis, Heiligung des Lebens, Gütersloh 2004.

5 Hans-Martin Barth, Spiritualität, Göttingen 1993, S. 8.

6 Franz von Assisi, Gelobt seist du, Herr, hg. v. Manfred Baumotte, Hannover 2001, S. 31.

7 Dietrich Bonhoeffer, Widerstand und Ergebung, hg. v. C. Gremmels u. a., Gütersloh 1988, S. 436.

8 Vgl. Evangelischer Erwachsenenkatechismus, S. 319.

9 Vgl. Evangelischer Erwachsenenkatechismus, S. 516.

10 Thomas Kabel, Handbuch Liturgische Präsenz. Zur praktischen Inszenierung des Gottesdienstes, Band 1, Gütersloh 2002, S. 25.

11 Fulbert Steffensky, Schwarzbrotspiritualität, S. 87.

12 Vgl. Das Beten – Herzstück christlicher Spiritualität, hg. v. d. VELKD, Hannover 2005.

13 Martin Luther, Eine einfältige Weise zu beten, für einen guten Freund (1535), in: Luther Deutsch, hg. v. Kurt Aland, Bd. 6, S. 205 ff.; S 211.

14 Gefunden in: Roselies Taube (Hg.), Im Innern meiner Seele ist eine Kammer. Die Mystikerinnen des Mittelalters. Ein Jahreslesebuch, Gütersloh 2006, Text für den 16. Dezember.

15 Vgl. Für Gottes Volk auf Erden, hg. v. Hans-Georg Link, Frankfurt 1989.

16 Fulbert Steffensky, Die Schwachheit und die Kraft des Betens, in:

Das Beten – Herzstück der Spiritualität, hg. v. d. VELKD, Hannover 2005, S. 9 ff.; S. 12 f.

17 Wo Freiheit ist und Lachen. Gebete und Texte aus der Ökumene 4, EMW Hamburg 1999, S. 119.

18 Aus: Roselies Taube (Hg.), Im Innern meiner Seele ist eine Kammer, Text zum 14. Oktober.

19 Vgl. Johann Baptist Metz, Compassion, in: Was tust du, fragt der Engel. Mystik im Alltag, hg. von Bärbel Wartenberg-Potter, Freiburg 2004, S. 38 ff.

20 Ebd. S. 39 f.

21 Die Benediktsregel ist im Buchhandel erhältlich, z. B. Die Regel des heiligen Benedikt, Beuroner Kunstverlag 1990. Dazu gibt es vielfältige aktuelle Auslegungen und Anregungen, etwa Anselm Grün, Menschen führen, Leben wecken. Anregungen aus der Regel Benedikts, 2001.

22 Dieses Gespräch ist die leicht veränderte und gekürzte Fassung von Margot Käßmann, ... und die Hungrigen füllt er mit Gütern, in: Worauf ich hoffe, hg. v. Klaus Möllering, Leipzig 2004, S. 196 ff.

23 Martin Luther, Vorlesung über den Römerbrief (1515/16), in: Luther Deutsch, hg. v. Kurt Aland, Band I, S. 107 ff.; S. 250.

24 Vgl. Peter Zimmerling, Evangelische Spiritualität, S. 54.

25 Vgl. Roselies Taube (Hg.), Im Innern meiner Seele ist eine Kammer, Text vom 24. November.

26 Mechthild von Magdeburg, Das fließende Licht der Gottheit, Stuttgart 1995, Buch I, 24.

27 Manfred Josuttis, Heiligung des Lebens, S. 62.

28 Vgl. Heinz Zahrnt, Glaube unter leerem Himmel, München 2000, S. 254.

29 Vgl. Dorothee Sölle, Mystik des Todes, Stuttgart 2004, S. 13 f.

30 Ebd. S. 116.

31 Beispielsweise: Anselm Grün, Fünfzig Engel für das Jahr, Freiburg 2011.

32 Ich geb dir einen Engel mit ... Erfahrungen mit einem Symbol, Andere Zeiten e. V., Hamburg 2004.

33 www.gep.de/sieben-wochen-ohne.

34 Z. B. V. Schauber/H. M. Schindler, Heilige und Namenspatrone im

Jahreslauf, München 2001, oder auch Christian Feldmann, Kämpfer, Träumer, Lebenskünstler. Große Gestalten und Heilige für jeden Tag, Freiburg 2005.

35 Vgl. Walter Fleischmann-Bisten, Vorbilder im Glauben oder »schwierige Heilige«?, in: MD 04/2006, S. 71 ff.

36 Verlautbarungen des Heiligen Stuhls 119, Nr. 37.

37 Vgl. »Ihr Ende schaut an ...«. Evangelische Märtyrer des 20. Jahrhunderts, hg. v. H Schultze/A. Kurschat, Leipzig 2006.

38 Karl Christian Felmy, Artikel »Ikone/Ikonenmalerei«, in: RGG, 4. Aufl. 2001, Bd. 4, Sp. 36.

39 Rowan Williams, Wo das Licht wohnt. Betrachtungen zu Christus-Ikonen, Göttingen 2006.

40 Carolina Welin, Carolina Johansson, Perlen des Lebens, Gütersloh 2007.

41 Es gibt ein Buch, in dem die Vertonungen von Bibeltexten verzeichnet sind: Sönke Remmert, Bibeltexte in der Musik, Göttingen 1996.

42 Michael Nüchtern, Singen und Sagen. Zur Theologie der Kirchenmusik, in: Glaube aktuell, Evangelische Kirche in Baden, 7. 3. 05.

43 Dorothee Sölle. Mystik und Widerstand. »Du stilles Geschrei«, München 1999.

44 Vgl. Manfred Josuttis, Heiligung des Lebens.

45 Vgl. z. B. Roselies Taube (Hg.), Im Innern meiner Seele ist eine Kammer.

46 Dorothee Sölle, Mystik und Widerstand, S. 32.

47 Evangelischer Erwachsenenkatechismus, S. 246 f.

48 Roselies Taube (Hg.), Im Innern meiner Seele ist eine Kammer, Text vom 15. Oktober.

49 Paulo Coelho, Auf dem Jakobsweg. Tagebuch einer Pilgerreise nach Santiago de Compostela, 2000.

50 Hape Kerkeling, Ich bin dann mal weg, München 2006, S. 15.

51 Jens Gundlach, Zwischen Loccum und Volkenroda. Ein Pilgerbuch, Hannover 2005.

52 Jens Gundlach, ebd. S. 19.

53 Fulbert Steffensky, Das Haus, das die Träume verwaltet, Würzburg 2002, S. 18 f.

54 Roland Degen, »Echt stark hier!« – Kirchenräume erschließen, in: Roland Degen/Inge Hansen/Christoph Scheilke (Hg.), Lernort Kirchenraum. Erfahrungen – Einsichten – Anregungen, Münster 1998, S. 5 ff.; S. 18.

55 Viele Hinweise sind zu finden unter www.advent-ist-im-dezember. de. Auch die Kalender »Der andere Advent« (zu beziehen bei Andere Zeiten e.V., Heimhuderstr. 92, 20148 Hamburg oder unter www.anderezeiten.de) oder der Advents-Kalender »Advent ist im Dezember. Der Advents-Kalender« (Gütersloher Verlagshaus) können hilfreiche Begleiter im Advent sein.

56 Roselies Taube (Hg.), Im Innern meiner Seele ist eine Kammer, Text vom 5. Februar.

57 Roselies Taube (Hg.), Im Innern meiner Seele ist eine Kammer, Text vom 7. November.

58 Evangelischer Erwachsenenkatechismus, S. 603.

59 Vgl. z.B. Manfred Büsing, Holger Kiesé, Tanz Gebärden Haltungen. Schritte zu einem bewegenden Gottesdienst, Hannover 2000. Oder: Bodo Leinberger (Hg.), Getanztes Leben. Heilende Liturgie, Hammersbach 1993.

60 Sydney Carter, Der Herr des Tanzes, gefunden in: Verstehen durch Stille, Loccumer Brevier, S. 287 f.

Quellennachweis

S. 149
Rose Ausländer, »Der Engel in dir«, aus: dies., *Ich höre das Herz des Oleanders. Gedichte 1977-1979,* © S. Fischer Verlag GmbH, Frankfurt am Main 1984

S. 204
Martin Gutl, »In der Stille«, aus: *Nachdenken mit Martin Gutl. Texte, Mediationen, Gebete,* Verlag Styria, Graz 1983, © Bildungshaus Maria Trost

Register

Ein kleines Buch, das Halt und Zuversicht schenkt

Mit diesem spirituellen Geschenkbuch bietet Margot Käßmann spannende Anregungen, sich auf einen Glauben einzulassen, der im Leben trägt. Ein Buch zum Staunen und Freuen, was es da alles zu entdecken gibt.

128 Seiten
ISBN 978-3-442-17185-9

Um die ganze Welt des
GOLDMANN Verlages
kennenzulernen, besuchen Sie uns doch
im Internet unter:

www.goldmann-verlag.de

Dort können Sie
nach weiteren interessanten Büchern *stöbern*,
Näheres über unsere *Autoren* erfahren,
in *Leseproben* blättern, alle *Termine* zu Lesungen und
Events finden und den *Newsletter* mit interessanten
Neuigkeiten, Gewinnspielen etc. abonnieren.

Ein *Gesamtverzeichnis* aller Goldmann Bücher finden
Sie dort ebenfalls.

Sehen Sie sich auch unsere *Videos* auf YouTube an und
werden Sie ein *Facebook*-Fan des Goldmann Verlags!

www.goldmann-verlag.de
www.facebook.com/goldmannverlag

GOLDMANN
Lesen erleben